_____ 님께

정윤숙 드림

지금
행복한
사람

지금 행복한 사람

정윤숙 지금 행복한 사람/모두출판협동조합(이사장 이재욱) **펴냄**/
2020년 1월 29일 초판 1쇄 **발행**/
정리 남현욱/**디자인** 김명선/
ISBN 979-11-89203-14-6(04810) 979-11-961865-5-5(세트)
ⓒ정윤숙, 2020
modoobooks(모두북스) 등록일 2017년 3월 28일/ **등록번호** 제 2013-3호/
주소 서울 도봉구 덕릉로 54가길 25(창동 557-85, 우 01473)/
전화 02)2237-3316/ **팩스** 02)2237-3389/ **이메일** ssbooks@chol.com

*책값은 뒤표지에 씌어 있습니다.

지금
행복한
사람

정윤숙

modoobooks
협동조합출판사

프롤로그

누구나 행복해질 수 있다

"어쩜 그렇게 일을 잘 해요?"
"어쩜 그렇게 아이들을 잘 키웠어요?"
"어쩜 그렇게 에너지가 넘쳐요?"

사람들이 물을 때마다 내 대답은 한결같았다. 지금껏 나를 움직이게 만든 키워드는 오직 행복이라고.

그러나 나는 결코 대단한 사람이 아니다. 앞선 질문을 받을 때마다 부끄러워지고, 나를 치켜세울 때마다 멋쩍어지는 그저 평범한 사람이다. 그래서 나는 책을 쓰고 싶었는지도 모른다. 내가 특별해서 이 자리에 이른 게 아니라 누구나 행복해질 수 있다는 이야기를 하기 위해서 말이다.

사람은 모두 귀한 존재다. 각양각색 저마다 다른 가치를 지니고 있다. 이는 결코 특별한 장기나 재능을 일컫는 게 아니다. 어떤 인생이든 나름의 스토리가 있고 그것이 바로 개인의 가치라고 생각한다.

즐겁고 행복한 일만 가득한 스토리는 현실감이 없을 뿐더러 감동을 느끼기 어렵다. 내가 생각하는 개인의 가치, 다시 말해 의미 있는 스토리는 삶을 치열하게 살았다는 흔적을 남기게 마련이다. 기쁜 일이 있으면 슬픈 일이 있고 고생 끝에는 낙이 온다. 이는 마치 동전의 앞뒷면처럼 반복되는 인생의 섭리가 아닐까 싶다.

그러니 혹시 지금 좌절한 사람이 있다면 인생의 중요한 한 페이지를 써내려가는 순간이라고 생각해주면 좋겠다. 이 책은 내가 그 인생의 순간들을 어떻게 보냈는지 나름의 스토리를 바탕으로 써내려간 기록인 셈이다.

특별한 비법이나 기술은 없지만 내가 경험한 인생의 이치를 솔직담백하게 주변 사람들과 나누고 싶었다. 그것은 곧 나의 또 다른 행복이므로. 선한 영향력을 끼치며 타인에게 도움이 되는 삶을 사는 게 내가 꿈꾸는 미래니까. 그 출발을 이 책과 함께 시작하고 싶다.

<차례>

프롤로그 / 누구나 행복해질 수 있다 • 4

1장 / '꿈', '꼴', '끼'
함께 일하는 동료들에게
성공의 키워드 • 10
나만의 인생, 키워드를 정하라 • 14
대가(代價)를 치러라, 대가(大家)에게 물어라 • 23
나는 평범하다. 고로 평범한 일을 한다 • 32
누구나 좋아하는 부분이 있다 • 41

2장 / 내 인생 첫 번째 원동력
이 시대의 엄마들에게
아이를 키운다는 것 • 52
꿈을 묻지 않는 나라 • 56
하고 싶은 게 있는 아이로 키워라 • 64
자녀의 자존감을 높이는 대화법 • 74
엄마 욕심이 줄면 아이가 자란다, 잘한다 • 85
때로는 모르는 게 약 • 95

3장 / 당신도 일어설 수 있다
지금 좌절을 맛보는 당신에게
성공담과 성장담 • 104
통장 잔고 0에서 억대 연봉이 되기까지 • 108
주저앉아 울 시간이 없다 • 118
끊임없이 질문하라, 다른 누구도 아닌 나에게 • 126
나는 일하는 순간이 너무너무 즐겁다 • 133

4장 / 나를 만든 사람, 나를 만든 사랑

지금 사랑하지 않는 자, 모두 유죄
칭찬과 무대 체질 • 142
세상에서 가장 맛있는 감자 • 146
남다른 '회복탄력성'의 비밀 • 156
열린 마음은 기본, 감사와 팔로워십은 필수 • 163
고래 싸움에 새우 등 터지지 않는다 • 170
사랑에는 유통기한이 있다 • 178

5장 / 유쾌한 지구별 여행자

이렇게 살고 있습니다
여행을 떠나요 • 190
우정의 또 다른 이름 • 195
고소공포증을 무찌른 여행의 묘미 • 203
'되는' 버킷리스트의 비밀 • 214

6장 / 나에게 띄우는 편지

정윤숙은 '무한 긍정'의 아이콘이다 /정은상 • 224
나이 차가 무색한 친구/윤순 • 227
브라보 유어 라이프 /안영복 • 229
언제나 함께 하고 싶은 사람 /James Chang • 231
우리들의 영원한 소녀 /최혜진 • 234
열정, 정윤숙의 또 다른 이름 /안방환 • 236
세상에서 가장 자랑스러운 사람 /은미(딸) • 238
윤숙이는 싸웠노라, 달렸노라, 지켰노라/작은아버지 • 240

에필로그 / 지금보다 더 나은 사람을 꿈꾸다 • 242

함께 일하는 동료들에게

성공의 키워드
나만의 인생, 키워드를 정하라
대가를 치러라, 대가에게 물어라
나는 평범하다. 고로 평범한 일을 한다
누구나 좋아하는 부분이 있다

1장
'꿈', '꼴', '끼'

성공의 키워드

성공을 이야기할 때 내가 자주 던지는 질문이 있다. 쌍기역으로 시작하는 한 음절 단어 중에서 떠오르는 단어를 말해 보라는 것이다. 꽃, 꿀, 껌, 끝 등 누구나 머릿속에 떠오르는 단어가 한두 개쯤 있을 터. 혹시 '꿈'이나 '꼴', '끼'를 떠올린 사람이 있다면 그는 아마 성공에 한 발 더 가까워져 있다고 봐도 좋다.

15년 전 우연히 허영만의 『부자사전』을 보았다. 저자가 성공한 부자들을 인터뷰하고, 그들에게서 부자가 되는 노하우를 발견한 책이었다. 그때 읽은 한 대목이 섬광처럼 뇌리에 박혔고 내내 잊히지 않았다. 이야기는 다음과 같다.

100명의 부자들에게 주변에서 가장 많이 듣는 평판이 무엇이냐고 물었더니 76명의 부자들이 "욕심이 많다는 평을 들었다."고 대답했다. 그 욕심은 다름 아니라 부를 축적하겠다는 강렬한 '꿈'이었다. 사람이라면 누구나 욕심을 갖고 있지만 그 욕심을 현실로 바꾸기 위해 얼마나 노력하느냐에 따라 부자가 되기도 하고 그저 꿈만 꾸는 사람으로 남기도 한다. 부자들은 자신의 꿈을 이루기 위해 노력하는 쪽이다.

100명 중 11명은 "인생을 즐길 줄 안다는 평가를 받았다."고 대답했다. 꿈을 꾸고 그 꿈을 이루는 과정을 즐기고 있는 것이다.

또 100명의 부자 중 74명은 주변에서 '성실하다'는 평가를 받는다고 말했다. 과연 성실성은 부자가 되는 첫걸음이자 기본 바탕이구나, 나는 고개를 주억거렸다. 성실한 '끼'가 없는 사람에게는 기회가 오지 않을 뿐더러 그 '끼'는 오랜 시간 단련해야만 자기의 것이 된다는 이야기도 동의할 수 있었다. 하루아침에 성실한 사람이 되기란 어려울 테니 말이다.

마흔이 넘으면 자신의 얼굴에 책임을 져야 한다는 이야기도 있다. 그 나이쯤 되면 그 사람이 어떤 삶을 살았는지 그 이력이 얼굴에 나타난다는 말이었다. 고생을 많이 한 사람의 얼굴은 일그러져 있고 주름이 깊게 패여 있다. 또 혈색이 좋지 않고 항상 피곤해 보인다. 아무리 치장해도 왠지 어색하다.

그러나 부자들은 표정부터 밝고 여유롭다. 100명의 부자 중 62명이 '믿음직스럽다'는 평가를 받았는데 이는 부자가 갖추어야 하는 '꼴'에 대한 인상인 셈이다.

게다가 부자들은 대체로 낙관론자라 이래서 안 되고 저래서 안 된다는 핑계를 대지 않는단다. 그 대목은 내가 몹시 동의하는 부분이기도 했다. 어려울 때일수록 긍정적인 사고가 필요한 건 '팩트(Fact)'다. 자신 있게 시작한 일도 온갖 어려움에 처할 텐데 처음부터 '할 수 없다', '안 된다'고 생각한다면 가능성은 저 멀리 달아나 버리고 말테니까.

마지막으로 책에는 이런 문구가 쓰여 있었다.

'세상에 쉽고 빠른 길은 없다. 그런 방법을 가르쳐 주겠다는 사람은 사기꾼이다.'

나는 어떤 깨달음을 얻은 듯 책장을 덮었다. '꿈', '꼴', '끼' 외에도 '깡'이 있어야 하고 '끈'이 있어야 한다는 말이 더 있었지만 앞선 세 단어만큼 내게 큰 감흥을 불러일으키지 않았다. 그래서 나는 '꿈', '꼴', '끼'를 내 인생의 화두로 삼기로 결정했다.

사실 오래 전부터 나는 세 단어가 의미하는 바를 명확히 알고 성공의 주된 요인으로 꼽았지만 저만큼 명쾌하게 한 음절 단어로 요약하진 못했다. 십년 묵은 체증이 단박에 내려가는 것처럼 후련했고 머리가 맑아졌다. 눈에 보이는 한 단어로 정리된 무기를 갖추었으니 나는 내 나름대로 이 단어를 해석해 그동안 온몸으로 부딪치며 경험한 실패담과 성공담을 사람들에게 들려주기로 마음먹었다.

나만의 인생, 키워드를 정하라

"어쩜 그렇게 일을 잘해요?"

"대표님 강의를 들으면 가슴이 마구 뛰어요. 비결이 뭘까요?"

"저도 할 수 있을까요?

사람들이 내게 자주 건네는 질문이다. 이런 질문의 이면에는 '성공'이란 키워드가 숨어 있다. "어떻게 성공할 수 있었나요?", "저도 성공할 수 있을까요?"라는 궁금증. 사실 나는 성공만을 목표로 이 자리까지 달려온 사람은 아니다. 돈을 많이 벌어서 한강이 내려다보이는 아파트를 장만하겠다는 당찬 포부나 전국 각지에 이름을 떨치는 스타강사가 되고 싶은 원대한 꿈이 있었던 것도 아니었다. 남들 말마따나 내 입으로 "성공했다."고 말하기도 무척 쑥스럽고, 정말 성공했는지 자신할 수도 없다. 나는 그저 '행복'하고 싶었다.

그렇다면 이번에는 질문을 바꿔 내게 행복해졌느냐고 묻는다면 시원하게 대답할 수 있다. 행복하다고 말이다. 만약 사람들이 궁금하게 여기는 '성공'이 어려운 처지에도 포기하지 않고 현실을 극복한 일, 가슴에 품은 꿈을 실새로 이루어낸 일이라면 나는 내 나름의 방법을 알려줄 수 있다. 끊임없이 성장하고 꿈을 갱신(更新)하며 사는 방법이 궁금하다면 나는 기꺼이 내 모든 경험과 시행착오를 털어 그것에 한 발 가까워질 수 있도록 당신을 이끌어 줄 수 있다. 행복을 간절히 바랐고 끝내 그 행복을 쟁취한 한 사람으로서. 지금부터 차근차근 그 이야기를 풀어볼 예정이다.

당신, 그 자리에 왜 있나요?

프랑스의 시인이자 비평가인 폴 발레리는 이런 말을 했다. "당신이 생각하는 대로 살아야 한다. 그렇지 않으면 당신은 머지않아 사는 대로 생각하게 될 것이다."

나는 이 말을 참 좋아한다. 인생이 한 척의 배를 타고 망망대해를 항해하는 일이라면 방향을 조종하는 장치는 다른 누구도 아닌 내가 잡아야 하기 때문이다. 그러나 대부분의 사람은 자신이 주체가 되어서 살지 않는다. 자신이 탄 배가 어디로 가는지도 모른 채 손 놓고 있는 사람부터 다른 사람에게 방향타를 넘겨준 경우까지 남녀노소를 불문하고 대부분의 사람에게 해당되는 이야기다.

내가 다니는 교회에서 종종 아이들과 엄마들을 대상으로 강의를 하곤 했다. 주로 '꿈'에 관한 이야기일 때가 많다. 나는 강의에 앞서 청중으로 앉아 있는 아이들에게 질문한다.

"여기 왜 왔지요?"

그럼 여기저기서 아이들이 볼멘소리로 웅성웅성 대꾸한다.

"엄마가 가래요."

"엄마 따라 왔어요."

대답하는 자녀를 흘겨보는 엄마들과 익살맞은 표정을 지어보이는 아이들이 눈에 들어온다. 이번에는 다른 질문을 던진다.

"그럼 교회는 왜 다니죠?"

잠시 생각하는가 싶던 아이들. 이번에는 선뜻 대답하지 못한다. 마지못해 작은 목소리로 말끝을 흐린다.

"친구들이 가니까…."

한두 번 접한 상황이 아니다.

사실 엄마가 가라고 등 떠밀어서 강의실에 앉아 있거나

친구 손에 이끌려 온 게 큰 잘못은 아니다. 아이들은 대부분 초등학생이고 그 또래 아이들이 분명한 목표를 가지고 내 강의를 듣거나 교회를 찾는 경우가 더 드물 테니까. 다만 내가 우려하는 건 바로 그런 아이들이 자라서 하고 싶은 일이 없거나 자신이 좋아하는 일은커녕 무엇을 좋아하는지조차 잘 알지 못하는 성인이 될 가능성이 크다는 사실이다.

요즘 젊은 사람들은 쉽게 지친다. 지치니까 금세 포기하고 만다. 어렵고 힘든 시험을 몇 년씩 준비하여 엄청난 경쟁률을 뚫고 입사에 성공해도 승리한 자의 성취감을 맛보는 경우는 많지 않다. 되레 '내가 어떻게 공부했는데?', '몇 년 동안 죽어라 고생한 결과, 고작 이런 일을 하다니?' 하는 탄식을 자주 들었다. 공무원뿐 아니라 대기업, 일반 기업에 입사한 경우도 크게 다르지 않다.

합격만 시켜주면 몸과 마음을 다해 열심히 일할 것처럼 굴던 건실한 청년들이 반년도 지나지 않아 자괴감이나 회의감에 젖어버리는 것. 도대체 무엇이 문제일까? 내가 추측하건데 그들에게는 '당위'가 부족했다. 다른 곳이 아닌 바로 그 회사에 들어가야 하는 이유, 오직 그 일을 해야만 하는 이유, 회사에서 버티고 견뎌야 하는 이유가 그들에겐 없거나 부족한 것이다.

물론 그렇지 않은 사람들도 있다. 자신의 일에서 보람을 느끼고, 그 일이 다른 사람이나 사회에 어떤 영향을 미치거나 가치가 있다고 생각하는 사람들. 내 아이에게 건강한 빵을 먹이기 위해 남다른 효소를 개발하고 유기농 재료를 고집하는 빵집 사장을 예로 들어 보자. 처음에는 빵을 먹으면 배에 가스가 차고 속이 더부룩하다는 자신의 아이를 위해 조금 더 건강한 빵을 만든 게 시작이었다. 그러다 같은 문제를 고민하던 사람들에게 속이 편한 빵으로 입소문이 난다. 사장은 가게를 찾는 손님들에게 책임감을 느끼고 일을 더욱 열심히 한 결과 빵집이 유명해진 사례. 텔레비전에서 한 번쯤 접했을 것이다.

이런 경우도 있다. 일흔이 넘은 할머니가 평생 떡볶이 장사를 하셨는데 이제 먹고 사는 걱정이 없는데도 하루도 빠짐없이 가게 문을 여는 일. 할머니는 무릎이 쑤시고 힘이 들어도 손주 같은 아이들이 밥 굶을까 봐, 그 아이들을 배불리 먹이겠다는 마음 때문에 하루라도 가게 문을 닫을 수가 없다. '내가 문을 열지 않으면……'이라는 마음은 힘들어도 포기하지 못하게 만들고 오히려 힘든 걸 극복하게 만들었을 것이다.

멀리서 찾을 필요도 없다. 우리네 아버지들은 어렵고 힘들지 않았을까? 몇 십 년 동안 한 곳에서 지겹도록 같은 일을 반복하며 버티고 견딘 건 내가 존재함으로써 내 가족이 살아갈 수 있다는 책임감 때문이었다. 가장의 존재와 가치를 잘 알고 있었기 때문에 비록 즐겁지는 않아도 기꺼이 수십 년의 세월을 보낼 수 있었던 것이다.

빵집 사장과 할머니, 우리네 아버지에겐 '당위(當爲)'가 있었다. 소박하든 거창하든 일을 지속해야 하는 이유가 분명했고 하루하루 앞으로 나아간 것이 그들의 공통점이다.

무슨 일이든 쉬운 일은 없다. 어떤 일이든 기꺼이 해낼 뿐. 다만 내가 하는 일에 가치를 부여하면 어깨가 한결 가벼워지고 웬만한 어려움쯤은 대수롭지 않게 여길 수 있게 된다. 할머니가 아픈 무릎을 이끌고 가게에 나간 이유는 오직 아이들을 위한 마음이었고, 아버지가 수십 년간 묵묵히 출퇴근을 반복한 이유가 가족을 향한 책임감이었듯. 이제부터는 바로 그런 가치에 대해서 이야기해보려고 한다.

저요? 행복하고자 일합니다

할머니의 인류애, 아버지의 책임감처럼 사명감을 갖자는 이야기가 아니다. 꼭 거창한 가치를 부여하지 않아도 된다. '내가 이것을 왜 해야 할까?' 하는 정도만 분명히 알고 있으면 된다. 지금 하고 있는 일이 자신이 원하는 걸 이루거나 갖기 위해 거쳐야 할 과정이자 관문이라는 것만 인지해도 어려움이 닥쳤을 때 쉽게 지쳐서 포기하는 일은 현저히 줄어든다. 나는 그 가치를 인생의 키워드라고 부른다.

사람은 누구나 저마다의 키워드를 갖고 있다. 그걸 자주 들여다보지 못하거나 자각하지 못해서 잠시 잊고 있을 뿐이다. 누군가에게는 그 키워드가 '성공'일 수 있다. 그런 사람이라면 "내가 회사를 다니는 이유는 이 업계에서 성공하기 위해서야!"라고 말할 수 있다. 앞서 내가 『부자사전』의 한 대목을 이야기한 것처럼 부를 축적하겠다는 강렬한 욕심, 그 '꿈' 말이다. 또 다른 사람은 우리네 아버지처럼 '책임감'이거나 '사랑'을 꼽을 수도 있다.

내 인생의 키워드는 '행복'이다. 지금껏 행복하기 위해 일했고 지금도 마찬가지다. 일하는 게 행복하다고? 아마도 어떤 사람은 의아한 얼굴로 되물을 것이다.

나는 이럴 때 행복했다. 우선 여행을 다닐 때. 동해나 남해, 제주도에서 빼어난 자연경관을 감상하고 폐부에 청량한 공기를 가득 채울 때 가슴이 벅차올랐다. 코타키나발루에서 반딧불이가 마치 전구로 장식한 크리스마스트리처럼 반짝이던 순간, 알래스카에서 옥빛의 빙산을 코앞에서 목격한 순간 나는 살아 있음을 실감하며 행복했다. 바로 그때 그 자리에 내가 좋아하는 친구나 사랑하는 사람이 곁에 있다면 금상첨화였다.

또한 나는 자녀들이 하고 싶어 하는 것을 뒷받침해줄 때 행복했다. 사업의 부도로 인해 어렵고 곤란한 처지일 때도 아들은 미국으로 유학을 보냈고 딸은 대학을 무사히 마치고 석사 과정까지 마쳤다. 대학과 대학원 등록금, 어마어마한 유학비용을 지원하던 그때가 내 인생에서 가장 힘든 순간이었지만 한편으로는 자녀들이 원하는 공부를 무사히 할 수 있었음에 감사했다. 내가 엄마로서 든든한 버팀목이 되어줄 수 있어서 무척 행복했다.

좋은 사람들과 여행을 가려면 돈이 필요하다. 이국으로 아들을 유학 보내고 딸이 대학원 석사를 마치려면 역시 돈이 필요하다. 그러나 내 인생의 키워드는 돈이 아니었다. 억대 연봉을 받으며 큰돈을 벌어봤지만 돈 자체는 내게 행복을 가져다주지 않았다. 은행에 잔고가 쌓여 있거나 실물로 된 부동산을 갖고 있는 게 나를 행복하게 해주진 않더라는 말이다.

돈은 내가 행복하기 위해 필요한 수단에 불과했다. 그러나 내가 열심히 일하면 자녀들이 학업을 무사히 마칠 수 있고, 경치 좋은 곳으로 여행을 갈 수 있다. 열심히 일하면 행복을 현실로 실현할 수 있는데 내가 마다할 이유가 있었을까? 물론 일을 하는 동안 힘든 순간도 무수히 많앗다. 그렇지만 행복으로 이르는 길임을 잘 알기에 '기꺼이' 전진했다. 마치 보물찾기를 하는 심정으로. 이것이 바로 내가 인생의 키워드를 설정하라고 말하는 이유다.

　이 책을 통해 나는 '꿈'의 중요성에 대해 끊임없이 이야기할 예정이다. 그 첫걸음은 바로 자신만의 인생의 키워드를 정하는 것이다. 어렵게 생각할 필요 없다. 나를 기분 좋게 하는 것, 나를 살아 숨 쉬게 하는 바로 그 느낌을 찾아보자.

　인생의 키워드는 또한 단계적으로 발전한다. 내 경우만 해도 행복 다음으로 사랑을 인생의 키워드로 정했고, 최종적으로는 그것이 사람 간의 관계이길 바란다. 확고부동한 내면의 목표가 있기 때문에 나는 오늘도 열심히 일을 하고 사람들을 만나고 가슴 가득 충만한 사랑을 느낀다.

대가(代價)를 치러라, 대가(大家)에게 물어라

바야흐로 고민이 넘쳐나는 시대다. 저 나이에 무슨 고민이 있을까 싶은 어린애도, 웬만큼 인생을 터득했을 것 같은 어르신도 저마다 고민을 앓고 있다. 오죽하면 정신과 전문의 하지현 박사는 『고민이 고민입니다』라는 책을 썼을까.

강의를 할 때 내가 즐겨 이야기하는 문구가 바로 "고민해서 고민이 없어질 것 같으면 고민이 없겠네!"라는 말이다. 고민 대신 그 자리에 걱정을 대입해도 말이 되는 이 문장은 참 묘한 매력이 있다. 그러나 문장에 격하게 공감하는 것과 달리 안타깝게도 고민은 고민한다고 해서 없어지지 않는다. 하지현 박사 역시 고민에 시간과 에너지를 많이 쏟는다고 해서 더 좋은 결과가 나오지는 않는다고 조언한다. 게다가 조지프 머피는 이런 무시무시한 말도 했다.

"가만히 앉아 걱정만 하지 마라. 현실도 걱정한 대로 될 뿐이다. 걱정 자체가 당신이 걱정하는 상황이 되도록 조정할 테니까."

그렇다면 이 고민과 걱정을 어떻게 다루어야 할까? 이제부터는 성공의 키워드 중 하나인 '꼴'에 대해 말할 차례다. 『부자사전』에서는 '꼴'을 이야기할 때 부자들의 밝은 표정과 여유로운 태도에 주목했다. 긍정적인 사고는 필수. 다시 말해 '꼴'은 부자가 갖추어야 하는 외형이자 태도인 셈이다. 물론 지당한 이야기지만 나는 나름대로 '꼴'을 새롭게 해석했다.

그동안 같이 일하는 동료 또는 친구들로부터 '존경한다.'는 말을 참 많이 들었다. 처음 일을 시작할 때만 해도 나는 고작 삼십대에 불과했는데 말이다. 어린 나이임에도 대단한 열정을 갖고 있다는 말을 들을 수 있었던 이유는 이 꼴 저 꼴 모두 봐준 대가인 셈이다.

'이 꼴 저 꼴' 다 봐줘라

내게 닥친 고민이나 걱정, 힘든 일, 아픔이 결코 사라지거나 나를 피해가지 않는다는 걸 일찍이 깨달았다. 경험을 통해 얻은 **뼈저린** 깨달음이었다.

흔히 인생에서 하지 말아야 할 일로 보증, 투자를 꼽는다. 이 두 가지 일을 한꺼번에 했던 적이 있다. 남편의 사업이 발단이었다. 근 2년 동안 남편은 벌어오는 돈은 거의 없었고, 사업 확장에만 쏟아부었다. 당연히 IMF 이후 사업은 부도를 맞아 문을 닫게 되었고. 그로 인해 부채가 생겼다. 그리고 보증을 서 주었던 집은 압류가 됐다. 바닥이구나 싶은 순간 지하가 뚫렸고 더 깊은 낭떠러지가 있다는 걸 몸소 경험했던 시기였다. 사람들이 나를 존경한다고 말할 수 있는 것은 바로 이 어려움을 온몸으로 고스란히 겪어냈기 때문이 아닐까 싶다.

삶은 결코 호락호락하지 않다. 세상은 철저하게 대가(代價)를 지불하는 방식으로 굴러간다. 사람들은 돈을 많이 벌고 싶어 한다. 그러면서도 저녁이 있는 삶을 원하고 어려운 일은 꺼린다. 성공하고 싶은 마음은 간절하지만 귀찮음과 게으름을 어쩌지 못한다. 사람이기에 당연한 반응이지만 모두 어불성설이다. 피곤을 무릅쓰고 일찍 일어나 남들보다 하루를 빨리 시작하는 것, 부지런히 몸을 놀려 시간을 효율적으로 사용하는 것. 별 거 아닌 일처럼 보일지라도 이 모든 것이 대가다.

직장생활을 예로 들어보자. 상사의 싫은 소리도 들어가며 견디는 게 승진을 위한 대가다. 그 업계에서 실력을 쌓고 성공하는 대가 말이다. 그러나 몇몇 사람들은 어떠한가? 내가 왜 이런 소리를 들어야 하느냐며 일을 그만두고 만다. 자녀가 아버지에게 재산이나 회사를 물려받을 때도 마찬가지다. 자식이 경영을 제대로 하지 못하면 몽땅 날릴 수 있다. 승계 싸움이 있을 수 있고 고객에게 쓴 소리를 듣거나 언론의 질타를 받을 수도 있다. 다시 말해서 저절로 손에 쥐어지는 건 없고 누구라도 대가를 치러야 한다는 말이다.

나 역시 대가를 톡톡히 지불했다. 하루 12시간을 남들보다 더 열심히 일했지만 어느 월급날 통장 급여에 압류가 들어왔다. 8개월 동안 10원도 받지 못하고 다녔다. 포기하고 싶은 순간들을 무수히 넘어선 일이 내가 지불한 대가인 것이다. 그래서 나는 '꼴'이 성공을 좌우한다고 말한다. 내가 '이 꼴 저 꼴' 다 보며 많은 경험을 몸으로 직접 겪었기 때문에 너무나 소중했다.

대가는 숨은그림찾기나 숨바꼭질, 허들경기와도 같다. 대부분의 사람들은 숨은 그림이나 술래 찾는 걸 귀찮아하고, 허들 넘는 걸 어려워한다. 그러나 그런 과정을 거치지 않으면 그 무엇도 얻을 수 없다. 내가 해석한 '꼴'의 의미다.

성공은 밀당을 요구한다

앞의 대목을 읽고 한숨을 푹 내쉬는 사람도 제법 있을 것 같다. 당장 코앞에 닥친 어려움과 고통을 줄일 수 있는 방법이 그저 이겨내는 것이라니…?

대가를 치르기 싫다면 대가(大家)에게 질문하는 것도 한 방법이다. 어떻게 하면 가장 먼저 원하는 지점에 도달할 수 있는지, 시행착오를 줄일 수 있는지 대가에게 물어보라는 말이다.

가령 서울에서 부산까지 가장 빨리 가는 방법은 비행기나 KTX를 타는 것이다. 고속버스나 무궁화 열차보다 당연히 운임이 비싸다. 부산까지 빨리 가고 싶은데 돈이 여의치 않다면 일을 해서 그 비용을 마련하는 게 순서다. 해외여행을 갈 때도 마찬가지다. 장거리 여행을 할 때 여행지까지 빨리 가는 방법은 직항을 타는 것이다. 경유하는 비용보다 당연히 비싸다. 또 장시간 편하게 여행을 하고 싶다면 이코노미가 아닌 비즈니스로 좌석을 업그레이드해야 한다. 역시 돈이 더 든다. 그런데 사람의 심리는 어떠한가? 그저 빠르게, 심지어 싸고 편하게 가고만 싶을 터. 그건 대가를 치르지 않겠다는 말이나 다름없다.

대가(代價)는 반드시 치러야 하므로 차라리 빠르고 편한 길을 대가(大家)에게 물어보라고 권한다. 대가를 대신 지불해주진 않겠지만 적어도 비행기 티켓을 저렴하게 구입하는 방법, 이코노미 좌석 중에서도 그나마 공간이 넓고 편한 자리쯤은 귀띔해줄 수 있을 것이다.

나라고 처음부터 인생이 이토록 혹독하다는 사실을 알았을까? 대가를 지불해야 한다는 걸 이미 알고 있었을까? 그렇지 않다. 가혹한 상황을 거쳐 시간이 흐르고 보니 내가 많은 대가를 지불하고 이 자리에 이르렀다는 걸 알게 되었다. 그래서 다른 사람들에게 알려주고 싶었다. 위기가 닥쳤을 때 대부분은 포기하게 마련인데 그 관문만 넘으면, 바로 그 대가만 치르면 된다는 걸 이야기하고 싶었다.

SNS(소셜 네트워크 서비스)가 활성화되면서 사람들은 이제 성공 뒤에 얼마나 많은 피와 땀이 녹아 있는지 알게 되었다. 마디가 툭 불거지고 울퉁불퉁한 발레리나 강수진의 발을 보고, 활처럼 휘고 부르튼 축구선수 박지성의 발을 보고 말이다. '피나는 노력'이 무엇인지, 최고의 자리에 이르기 위해 고통을 인내하는 게 무엇인지 간접적으로 경험한 셈이다. 최근에는 축구선수 손흥민이 자서전을 출간해 이런 명언을 남겼다.

"남들이 보기에 제 모습이 화려해 보일지 몰라요. 중요한 건 그게 현재의 겉모습이라는 겁니다. 힘들었던 과거와 뒤에서 이뤄지는 노력은 겉으로 드러나지 않죠. 어려웠던 날이 훨씬 많았어요. 지금도 인내하고 또 인내하며 살고 있어요."

그는 자서전을 출간한 이유 중 하나가 남들은 모르는 그의 뒷모습을 보여주고 싶었기 때문이라고 말했다. 인생에서 공짜로 얻은 건 하나도 없었으며 전부 죽어라 노력한 끝에 얻은 결과물이었음을 고백했다.

나는 그 대목을 읽고 깊이 고개를 끄덕였다. 내가 강연장에서 여러 차례 내 경험을 이야기하며 대가를 지불해야 함을 강조한 것과 일맥상통했으므로.

요즘 사람들은 정보가 넘쳐나는 시대에 살고 있다. 서점에만 가도 성공적인 회사 생활을 하는 방법, 재테크에 성공하는 방법 등을 알려준다. 그렇다면 많은 사람들이 초고속 승진을 하고 돈을 불려 부를 누리고 살아야 마땅할 텐데 과연 그러한가? 쏟아지는 정보에도 불구하고 사람들은 늘 실패에 시달린다. 코앞의 어려움에 무릎이 꺾여 주저앉아버리기 일쑤다. 이론이나 지식이 결코 탄탄대로를, 시행착오 없는 성공을 보장하지 않는 까닭이다.

이런 상황을 예로 들어 보자. 열무김치를 담글 때 요리책에 나온 대로 잘 따라했음에도 맛이 없는 경우. 그럼 바둑을 두고 복기를 하는 것처럼 요리 과정을 떠올리고 책과 비교하며 무엇이 문제였는지 고민할 터. 한 단계도 허투루 넘기지 않았는데 왜 맛이 별로일까?

그렇다면 나는 문제가 있었던 게 아니라 노하우가 빠져 있었을 뿐이라고 말하고 싶다. 이를 테면 책에는 열무를 흐르는 물에 두 번 씻으라고 나와 있다. 열무를 박박 문지르면 열무의 풋내가 올라오는데 책 귀퉁이 어디에도 열무를 살살 씻으라는 말은 나와 있지 않다면? 흐르는 물에 씻으라고만 알려주면 백 번을 씻어도 결과는 마찬가지다. 이런 부분이 바로 전문가만 알 수 있는 경험이자 노하우다.

방송 프로그램 <우리 아이가 달라졌어요>를 보면 말썽쟁이 아이들이 며칠 만에 태도가 바뀌고 문제가 해결되는 모습을 보여준다. 마치 마법의 약을 먹은 것처럼 말이다. <세상에 나쁜 개는 없다>도 마찬가지. 모두 전문가의 교정과 노하우로 인한 결과다.

전문가들에게는 오랜 시간 쌓은 지식이 있고 또 많은 경험이 있다. 무엇보다 경험으로 인해 생긴 지혜가 있다. 보통의 사람들이 단기간에 같은 지식을 습득한다 해도 절대 그들과 똑같은 결과를 낼 수 없는 이유다.

자신만의 지혜가 쌓이기까지 수많은 경험이 동반되어야 한다. 그 과정 중에 어려움이 있을 수 있으며 시행착오가 쌓여서 성과를 만들어낸다. 결국 대가를 치르는 사람은 다른 누구도 아닌 '나'일 수밖에 없다. 대가가 이야기해줄 수 있는 건 눈앞에 닥친 어려움을 유연하고 의연하게 넘기는 방법에 불과할지 모른다. 그래서 나는 이렇게 말한다. 성공은 '밀당'을 요구한다. 그때 쉽게 나자빠지지 말고 성공과 조율을 해라. 반드시 대가를 치러야 한다는 점만 염두에 두고, 어떤 대가를 치를지는 당신 손에 달렸다.

나는 평범하다, 고로 평범한 일을 한다

성공의 키워드로 '꿈'과 '꼴'을 살펴봤으니 이제 '끼'를 이야기해 보자. 『부자사전』에서 말한 대로 성실한 '끼'는 무척 중요하다. 어느 날 갑자기 생기는 것이 아닐 뿐더러 부단한 노력으로만 유지할 수 있기 때문이다. '나는 성실하지 못하니까…'라고 생각하는 사람이 있다면 지금부터 내가 하는 이야기에 귀를 기울이길 바란다.

단언컨대 몸이 나를 가장 잘 안다. 내 안에 나를 조종하는 다른 녀석이 있다고 생각될 만큼 나의 생각까지 간파하고 있다. 이는 모두 내가 만들어낸 결과다. 다년간 몸에 밴 습관과 행동 패턴을 토대로 앞으로 내가 어떻게 행동하고 생각할지 우리 몸이 미리 예측하기 때문이다. 그게 성실한 '끼'라면 좋겠지만 그렇지 못한 경우가 대부분일 터. 만약 그 관성을 애써서 바꾸지 않는다면 나중에는 내가 만든 잘못된 습관대로 살게 될 것이다. 마치 몸이 굳어버리는 것처럼 말이다. 그러나 다리가 불편한 할머니가 아프다고 누워만 계시면 영영 일어나지 못할 테지만 매일 오십 보씩 걸으면 자리를 털고 일어날 수 있는 것처럼 우리는 자기 자신을 스스로 바꿀 수 있다.

한편 나는 성실성을 거창하게 이야기하고 싶지 않다. 타고나는 기질이나 성질이 아닌 누구나 가지고 있는 잠재력쯤으로 여기고 싶다. 강연장에서 종종 이런 질문을 던지곤 한다.

"당신은 평범합니까?"

그러면 열에 아홉은 당연한 말이라는 듯 고개를 끄덕인다.

국어사전에서는 '뛰어나거나 색다른 점이 없이 보통인 상태'를 평범함으로 정의한다. 그렇다면 나야말로 평범하다. 겸손한 표현이 아니라 정말이지 지극히 보통의 사람이다. 시골에서 태어나 농사짓는 부모님 밑에서 자랐다. 공부를 유별나게 잘했던 것도 아니고 어느 한 분야에서 뛰어난 재능을 보인 적도 없다. 그렇기에 나는 평범하게 일했고 평범하게 생활했다. 그 결과 오늘날 이 자리에 이르렀다. 이 자리 역시 대단한 위치는 아니지만 이제 나를 두고 평범하다고 말하는 사람은 없다. 되레 내가 비범하고 특별하다고 이야기한다.

앞선 질문의 대답처럼 그들은 자신이 평범하다고 말한

다. 그럼에도 내가 보기에 그들은 평범한 사람처럼 일하지는 않는다. 아침 일찍 일어나고 일터에서는 누군가의 싫은 소리도 들어가며 묵묵히 자신의 일을 하는 것. 그리고 내일도 그 다음날도 똑같이 오늘과 같은 하루를 살아내는 삶. 이것이 내가 말하는 평범함이다. 그리고 이런 평범함이 모이면 적어도 남들 눈에 비범하게 비춰진다는 걸 몸소 경험했다. 평범함이 백 번 모이면 한 번의 비범함이 된다는 말쯤은 할 수 있게 되었다.

    나와 같이 일하는 사람 중에 체력을 키우고자 시작한 헬스로 몸을 만들고 소규모 보디빌더 대회까지 출전한 사람이 있다. 지극히 보통의 체형이었지만 하루도 빠짐없이 운동을 거르지 않은 결과 소위 말하는 '몸짱'이 되었다. 외국에서 바디 프로필 촬영도 진행하고, 몸을 만들고 싶은 사람들을 위해 식단을 짜주고 운동법을 알려주는 일을 할 만큼 전문가가 다 되었다. 그녀가 특별한 사람이라서 가능한 일이 아니다. 매일 몇 시간씩 운동을 한 끝에 얻게 된 결과다. 평범함의 힘인 것이다. 오늘부터 헬스장에 가서 매일매일 운동을 하면 1년 뒤에는 몸이 180° 달라진다. 그 누구라도 말이다.

지극히 평범한, 커리어 우먼의 탄생

처음 일을 시작했을 때 내 나이 서른이었다. 대학 졸업 직후 잠깐 직장생활을 했지만 남편을 만나 이른 나이에 결혼하면서 곧장 전업주부가 되었다. 그러니까 당시 나는 사회 초년생도 아니고 기혼여성이자 두 아이의 엄마였다. 한 마디로 평범한 사람이었다.

일을 해야만 하는 상황도 아니었다. 남편이 벌어오는 수입으로 충분히 생활할 수 있었고 아이 둘 모두 손이 많이 가는 시기였다. 전업주부로서 가정을 돌보는 일에 불만도 없었다. 못 다 이룬 꿈을 펼치거나 자아를 찾고 싶다는 식의 거창한 포부는 상상도 하지 못했던 시기였다. 그런 내게 어느 날 갑자기 지인이 학습지 일을 권했다. 일단 강의나 한 번 들어보라고 말했다.

첫째는 유치원을 다녔지만 두 살 된 둘째는 집에서 돌보던 때라 나는 아이를 데리고 교육장에 갔다. 앞치마만 벗어두고 청바지를 입은 채로

강당은 사람들로 바글바글했다. 정장 한 벌을 쫙 빼입고 하이힐을 신은 여자, 나처럼 편한 차림으로 나온 여자. 나보다 젊거나 나이가 많은 여자들을 보며 처음에는 '저런 사람들이 일을 하는구나.' 생각했다. 그건 상반된 감정

이었다. 근사하게 차려 입은 여자들이 일을 하는 건 당연하다고 느꼈지만 나처럼 평범한 사람도 일을 하고 싶어 하는 줄 몰랐기 때문이다. 그동안 집과 마트, 동네 근처만 오갔던 내게 일하는 여자라는 이미지가 새롭게 각인되었고 마음 한 구석에서 작은 불씨가 일었다.

둘째 날 강의를 듣고 나서는 어쩐지 자신감이 붙었다. '나도 할 수 있겠다!'라는 생각이 들었다. 그리고 셋째 날에는 강의와 교육을 담당했던 사람으로부터 일을 해보지 않겠느냐는 제의를 받았다.

청치마에 흰 남방을 입고 처음 출근하던 날이 아직도 선명하다. 캐주얼 마니아였던 나는 이후 그곳에서 9년 동안 정장만 입는 사람, 커리어 우먼으로 성장했다.

비록 권유로 시작한 일이었지만 그 누구보다 꾸준히 했다. 내가 번 돈으로 아이들에게 책을 사주는 재미가 쏠쏠했고 일 자체도 흥미로웠다. 학습지 일이 문턱이 낮아 접근이 쉬운 반면, 그곳에서 버티는 건 결코 만만치 않다. 엄마들을 상대하는 일이다 보니 늘 등쌀에 시달리기 일쑤. 이골이 난 동료들은 견디지 못하고 금방 관두었다. 그러나 나는 그러지 않았다. 10개월째에 팀장이 되었고 그 후 1년 만에 본부장으로 진급했다. 4년 차에 국장이 되면서 학부모를 상대하고 아이들을 지도하는 일이 체질인 걸 알게 됐다. 특히 내 진가는 사람들 앞에 나서서 교육을 하고 강의를 할 때 빛을 발했다.

나는 어떤 자리에서든 "내가 할게.", "내가 해볼게요."라고 말했다. 무슨 일이든 일단 해보자는 주의였고 멍석을 깔아주면 내가 제법 잘해낸다는 것도 알고 있었다. 그건 아주 오래전부터 몸에 밴 습관이자 관성과도 같았다.

기억을 거슬러 보면 어렸을 때부터 그랬다. 부모님이나 동네 어르신이 노래를 시키면 잘하든 못 하든 일단 부르고 봤다. 소풍을 간 날에는 사회를 보겠느냐는 선생님의 물음에 곧장 자리에서 일어섰다. 빼어나진 못해도 빼지 않고 하다 보니 사람들 앞에 나서는 일이 자연스러워졌고, 내가 먼저 나서서 하는 일이 습관이 되었다. 그러다 보니 나를 찾는 사람은 점점 더 많아지고 나 역시 여러 상황에 단련이 되었다. 앞서 이야기한 것처럼 내 몸이 나를 '멍석 깔아주면 잘하는 사람'으로 인지한 것이다. 그런 나를 본받은 것인지 자녀 둘 모두 어려서부터 뭘 시키면 주저하지 않고 손을 드는 편이었다. 노래, 춤, 웅변 등 분야를 막론하고 일단 앞에 나서고 보는 아이들로 자랐다.

사소한 행동이 인생을 바꾼다

인생 최대 위기를 극복할 수 있었던 것도 평범함과 관련이 있다. 바닥보다 더 깊은 나락으로 떨어졌을 때, 내 월급으로는 도저히 상황을 감당할 수 없었다. 비록 권유로 하던 일을 하면서 부업으로 시작한 일이지만 그곳이 바로 지금의 멜라루카 코리아였다.

낮에는 학습지 회사로 출근해야 했기 때문에 내 시간을 더 잘게 쪼개는 수밖에 없었다. 고객을 만나려면 퇴근하고 저녁이나 주말에 약속을 잡아 미팅을 했다. 확실한 목표가 있었기에 몸은 피곤했지만 감당할 수가 있었고 즐겁게 일했다.

그렇게 힘들게 번 돈은 이자와 빚 갚는 데 썼다. 당시 갚아야 할 빚만 몇 억이었다. 몇 년 동안 이런 생활을 지속해야 그 돈을 다 갚을 수 있을지 가늠도 안 됐다. 참담하고 앞이 막막했지만 나는 마음을 바꿔먹었다. 통장에 찍힌 숫자 '0'을 노려보며 어차피 갚아야 할 돈이라면 부지런히 갚자, 하루 빨리 갚자고 나를 다독였다. 아침 일찍 일어나 낮에는 학습지 회사에서 일하고 퇴근 후나 토요일에는 사람들을 만나러 다녔다.

마음은 심란하고 무거웠지만 일이 재미있다는 사실이

그나마 위안이 되었다. 말끔하게 옷을 차려 입고 입가엔 미소를 띤 채, 누구도 내가 그토록 힘든 상황에 처해 있다는 걸 알아챌 수 없을 만큼 더 당당하게, 그리고 멋지게 다녔다. 그러다가 다니던 학습지 회사에 사표를 내고 멜라루카 사업을 본업으로 하게 되었다.

평범한 일을 하다 보면 반드시 어려움이 따른다. 평범하게 학습지 회사에서 일하던 내가 사람들을 웃고 울리는 강사로 성장할 수 있었던 건 어쩌면 그 어려움 덕분인지도 모른다. 그때 겪은 어려움은 분명 고통스러운 일이었지만 성공을 위한 대가였고, 대가를 지불한 결과 나를 상상도 하지 못한 위치로 데려다 주었다. 그런데 많은 사람들은 힘든 일이 닥치거나 일이 뜻대로 풀리지 않으면 그게 넘어야 하는 대가인 것을 모르기 때문에 섣불리 포기하고 만다.

행동으로 인생이 바뀌는 것이지, 행동을 생각하는 것으로 인생이 바뀌지는 않는다. 아리스토텔레스 역시 이런 말을 했다.

"우리는 공정한 행동을 함으로써 공정해지고, 절제하는 행동을 함으로써 절제되고, 용감한 행동을 함으로써 용감해진다."

당신, 평범한가? 그렇다면 일단 정진하라. 평범함이 쌓여 비범함이 될 때까지.

누구나 좋아하는 부분이 있다

인간은 누구나 타고나는 성품이 있다. 저마다 좋아하는 부분이 있으며 잘하는 분야가 다르다. 그게 묻혀 있는 경우가 많아 진가를 발휘하지 못할 뿐. 세상에 나오면 언젠가 반드시 그 끼를 표출할 때가 온다. 그래서 앞서 이야기한 '성실한 끼' 못지않게 나만의 '끼'가 중요하다.

나는 공부를 잘하는 편이 아니었다. 학교 다닐 때는 공부나 성적으로 사람을 판가름하기 때문에 교실에서 돋보이는 학생은 아니었다. 그러나 장기자랑을 하거나 소풍날이면 어김없이 존재감을 드러냈다. 마침내 사회에 나와서는 사람들 앞에서 재미있게 이야기하는 게 내 장기이자 무기인 걸 알게 됐다. 내가 가진 '끼'를 발견한 것이다.

그때는 조용하고 참한 여자아이가 사랑받았다. 조잘대거나 목소리가 큰 여자애는 '조용히 좀 해!'라는 말을 듣기 십상이었다. 그러나 요즘은 시대가 바뀌었고 여자라고 사근사근할 필요는 없어졌다. 오히려 당당하게 자기 목소리를 낼 수 있는 여자가 롤 모델이 되고 있다.

물론 학교에서는 여전히 성적순으로 학생을 평가하지만, 성적이 성공을 보장하던 시대가 지났다는 건 누구나 인정하는 부분이다. 앞으로 시대는 점점 더 변화할 것이다. 누구나 내면에 가진 끼와 잠재력을 찾아야 하는 이유다.

잘하는 걸 하라

한 가지 고백하자면 나는 영업에는 영 소질이 없었다. 학습지 회사를 다닐 때도 '내가 일을 잘 못하는 걸까?' 고민하는 날들이 이어졌다.

시간이 지나 팀장이 되고 본부장이 되었을 때 새로운 직무가 주어졌다. 아침마다 팀장들 교육을 담당하게 된 것. 그런데 웬걸, 팀의 사기를 끌어올리고 팀원들을 격려하는 일이 적성에 잘 맞았다. 이 일은 누구보다 잘할 자신이 있었고 팀원들 또한 내 말에 활력을 얻고 힘차게 하루를 시작하는 모습을 보였다. 어머니 세미나를 할 때도 집중력은 최고였으며 함께 웃고 울었던 기억이 있다.

비록 개인적인 실적은 저조했을지 몰라도 나 한 사람의 교육이 우리 팀의 분위기를 바꿔놓았고 여러 차례 전국 실적 최우수를 달성하곤 했다. 그래서 나는 동료들에게 누누이 잘하는 일을 해야 한다고 강조한다. 잘하는 일을 하면 결국 일을 더 잘할 수밖에 없다는 걸 경험으로 터득했다. 내가 하는 일에 자신이 있고 열정을 가진다면 내 주변으로 사람들이 모여들게 마련이다.

멜라루카 코리아에서 일하면서 한 번은 2박 3일간 입원을 하게 되었다. 그때 내가 한 일이라곤 병실에서 제품을 사용한 게 전부였다. 비록 아파서 병원에 누워 있는 처지였지만 생기 있는 얼굴로 쿠션을 톡톡 두드리고 찹찹 로션을 발랐다. 6인실 병실에서 로션을 바르고 미스트를 뿌리면 같은 병실을 쓰는 사람 중 두어 명은 꼭 관심을 보이곤 했다. 그러면 나는 옆 침대를 사용하던 아주머니에게 이렇게 물었다.

"로션 발라 드릴까요? 미스트 한 번 써보실래요?"

병을 내밀자 아주머니가 로션을 받아 손등에 조금 발라 보았다. 미스트도 뿌려 보았다. 그러자 곁눈질로 쳐다보던 사람들까지 내 침대 주변으로 모이기 시작했다. 이후에는 평소처럼 내가 가장 잘하는 일을 했다. 워낙 사람들과 이야기하는 걸 좋아하고 사교적인 기질을 타고 난 덕에 자연스럽게 나온 행동이지 결코 의도한 일은 아니었다. 되레 물건을 소개하는 데 급급한 상태였다면 아마 어림도 없었을 것이다. 그런 경우라면 조바심에 사람들을 찾아 나서게 되고 거절을 당할 때마다 좌절을 하고 말 터. 잘하는 부분을 드러낸다면 사람들이 저절로 나를 찾게 된다.

이처럼 사람들은 저마다 다른 무기를 가지고 있다. 아직 무기를 발견하지 못한 사람이라면 자신이 좋아하는 부분이 무엇인지 그것부터 찾아보길 권한다.

우리나라는 유독 모방에 강한 편이다. 인기 있는 건 우후죽순 생겨나고 너도나도 따라한다. 영화 <기생충>에서도 대만 대왕 카스텔라 사업을 예로 들지 않았나. 문제는 빠르게 퍼지는 만큼 빨리 식기도 한다는 것.

먹방으로 처음 콘텐츠를 선보인 원조 BJ는 단지 먹는 게 좋아서 그 일을 시작했다. 엄청난 양의 음식을 맛있게 먹는 것만으로도 보통일이 아니므로 먹는 걸 무지 좋아하지 않고는 감히 도전도 못할 일이다. 그러나 콘텐츠가 인기를 끌자 유행에 편승해 너도나도 먹방에 도전한 경우가 꽤 많았다.

퇴직금으로 세계 일주를 다녀온 뒤 그 이야기를 책으로 낸 경우도 마찬가지였다. 과감하게 사표를 던지고 배낭 하나 매고 홀연히 대한민국을 떠나는 일은 분명 매력적이다. 그러나 이 역시 여행을 굉장히 좋아하는 사람이 아니고서는 엄두도 내지 못할 만큼 어려운 일이다. 보통의 평범한 사람이라면 지쳐서, 힘들어서 계획한 일주의 반도 채우지 못할 것이다. 그러니까 누구든 좋아서 하는 사람을 결코 따라갈 수 없다.

그러므로 좋아하는 일을 찾는 건 내가 잘하는 일이 무엇인지 발견하는 첫걸음이다. 어쩌면 첫 발을 떼는 일이 끝이 보이지 않을 만큼 너른 벌판에서 네 잎 클로버를 찾는 것만큼 어려울 지도 모른다. 그동안 나 자신에 집중하기보다는 주변과 사회에서 주입한 목표에 따라 움직여온 사람들이 많을 것이기 때문이다. 그럴 땐 내가 관심을 갖는 일, 내 가슴을 뛰게 하는 게 무엇인지 아주 작은 부분부터 찾아나가야 한다. 그마저도 어렵다면 내가 언제 행복한지 그 감정의 근원을 생각해보길 권한다. 자기 자신을 잘 아는 사람은 성공할 수밖에 없다.

나를 알면 백전백승

나는 내 끼를 빨리 발견한 편이고 내가 무엇을 잘하는지 일찌감치 파악한 덕에 새로운 기회가 왔을 때 재빨리 낚아챌 수 있었다. 멜라루카 코리아 일을 처음 접했을 때, 학습지 회사와 그 분야에 관해서는 잔뼈가 굵은 상태였다. 특히 팀장들을 교육하는 데는 웬만큼 도가 텄을 정도.

그러나 멜라루카 코리아는 일의 개념부터 잘 잡히지 않았다. '물건을 파는 일인가? 혹시 가게를 내야 하나?' 고민했고, 실적을 올리고자 다른 사람에게 부담을 지우거나 돈을 투자해야 하는 일일까 봐 망설였다. 게다가 당시 나는 극도로 몸을 사려야 할 만큼 경제적으로 심적으로 위기에 처해 있었다.

시작은 남들처럼 낯설고 생소했지만 나는 6개월 만에 부업을 본업으로 바꾸었다. 남들보다 일을 **빨리** 습득했고 마침내 그 노하우를 전하는 사람이 되었다. 멜라루카 코리아의 일 역시 본질은 교육이며, 내가 잘하는 분야의 일임을 일찍이 깨달았기 때문이다.

이를 테면 아이들에게 왜 아토피가 잘 생기는지, 인스턴트 음식을 줄이고 유산균을 먹어야 하는 이유 등 이 분야는 내가 많은 지식을 습득하고 그 지식을 다른 사람들에게 전달하는 일이었다. 내 이야기에 공감하고 정보를 필요로 하는 사람이 제품을 구매하는 시스템이었기 때문이다. 이러한 과정은 학습지 회사에서 그간 수없이 반복한 교육들과 비슷했다. 아침마다 팀장들을 상대로 교육을 진행하고, 아이 엄마들에게는 교육에 관한 정보를 전달한 것처럼 내가 알고 있는 정보를 상대방 수준에 맞게 이야기하고 그 정보를 활용할 수 있게끔 도움을 주는 일인 셈이다.

일의 속성을 6개월 만에 간파했기 때문에 나는 내가 걸어온 6개월의 시간을 다른 사람들에게 노하우로 설명할 수 있게 됐다. 그리고 그런 강의와 특강은 이곳에서 일을 하고자 하는 미래의 동료들이 일을 더 잘할 수 있도록, 빨리 배울 수 있도록 도움을 주는 것과 연결됐다.

우왕좌왕하는 사람들의 멘토가 되어 트레이닝 하는 과정에서 나는 누군가를 돕는 나의 역할에 자부심을 느끼기 시작했다. 결과가 좋은 건 어쩌면 당연한 일이었다. 사람들 앞에 나서서 이야기하는 사람, 내가 터득한 노하우를 아낌없이 전달하는 강사가 내 꿈이 돼버린 후였으니까.

히딩크 감독과 박항서 감독은 각각 우리나라와 베트남의 전 국민을 단합하게 만들고 국민들에게 잊지 못할 추억을 선사했다. 한 사람의 역할로 팀 전체가 놀라울 만큼 달라졌고 엄청난 성과를 이루어냈다. 그래서 나 역시 내 역할에 사명감을 가지고 있다.

나는 동료들이 가장 빠른 길로 목적지에 도달할 수 있도록 돕는 내비게이션 역할을 하고 있다. 그들이 해야 하는 일이 무엇인지 알려주고, 그 과정 속에 갖가지 어려움이 생길 수 있다는 걸 미리 예견하는 일을 한다. 그건 마치 예방주사를 놓아주는 일과 다름없다. 원하는 목표를 쟁취하기 위해서는 대가를 치러야 한다는 점, 성공이 밀당을 요구한다는 점을 강조하는 건 그런 이유에서다. 어려움이 있고 실패가 따르겠지만 포기하지 않는다면 우리는 무엇이든 할 수 있다. 그 전에 목표지점까지 지치지 않고 달릴 수 있는 동력을 품길 바란다.

  인생의 단어를 설정했다면 이 꼴 저 꼴 다 보며 평범하게 일하라. 그 일이 내가 좋아하고 잘할 수 있는 분야라면 더할 나위 없이 좋다. 그리고 어려움이 닥쳤을 땐 망설이지 말고 전문가에게 조언을 구하라. 나는 기꺼이 그 이야기에 귀를 기울일 준비가 되어 있다.

이 시대의 엄마들에게

아이를 키운다는 것
꿈을 묻지 않는 나라
하고 싶은 게 있는 아이로 키워라
자녀의 자존감을 높이는 대화법
엄마 욕심이 줄면 아이가 자란다, 잘한다
때로는 모르는 게 약

2장
내 인생 첫 번째 원동력

아이를 키운다는 것

　내 나이쯤 되면 인생을 논할 때 자녀 이야기를 빼놓을 수 없다. 작고 여린 존재를 온전하게 키워 세상에 내보내고, 사회에 이바지할 수 있게 만드는 일이므로. 게다가 아이들은 내가 일을 해야 하는 첫 번째 원동력이었다. 아이들을 든든하게 뒷받침할 때 느끼는 행복감은 이미 앞에서 언급했다. 이번에는 아이 둘 모두 비교적 수월하게 제 밥벌이를 찾고 인생을 만끽하고 있다는 데서 오는 충만함을 이야기하고 싶다. 흔히 비유하듯 자식 농사에 성공했다는 의미가 아니라 한 사회의 어른이자 가족의 일원으로서 구성원의 삶을 지지하고 응원하는 기쁨이다. 이는 또 다른 종류의 행복이다.
　나는 아이들을 셀프리더로 키웠다. 셀프리더는 자기 삶을 주도적으로 이끌어가는 사람으로, 타인과의 관계에서도 긍정적인 영향력을 발휘한다고 평가받는다. 오늘날 우리 사회는 다양한 리더십을 요구하지만 그 중 가장 기본은 셀프리더십이다. 인생의 주도권이 자기 자신에게 있다는 것을 알고 스스로 행동하는 사람이 의외로 드물기 때문이다. 나는 그 이유가 엄마들의 과도한 양육 때문이라고 생각하는 사람이다.

내가 누구인지 알아가는 일은 평생에 걸쳐 지속되는 모든 인간의 과업이지만 어려서부터 습관이 되어야 한다. 엄마들이 많이 하는 착각 중의 하나가 자녀를 일일이 챙겨줘야 하고, 그게 보살핌이라고 생각하는 것이다. 그러나 아이를 위하고 사랑하는 마음이 과할 경우 이는 오히려 아이를 홀로 서지 못하는 사람으로 만들 수 있다. 부모의 역할은 그저 아이가 필요로 할 때 적절하고 적당한 도움을 주는 걸로 충분하다.

나 역시 자녀가 도움을 필요로 할 때 기꺼이 손 내밀 수 있는 사람이 되고 싶었다. 그러기 위해선 돈을 벌어야 했다. 당장 돈이 없어서 학업을 포기하거나 원하는 바를 성취하지 못하는 일이 없게 한 것이지 아이들이 경제적으로 풍족한 삶을 살기 바라는 마음은 아니었다. 그래서 아이들은 기본적인 학업 지원 외에는 별다른 도움을 주지 못했다. 더도 말고 덜도 말고 딱 필요한 만큼이었으므로 용돈 한 번 넉넉하게 받지 못했다.

얼마 전 결혼한 딸은 그동안 직장생활을 하며 저축한 돈으로 결혼 비용을 마련했다. 나는 혼수는커녕 냉장고 하나 선물하지 않았다. 신혼여행 가서 쓰라고 용돈만 조금 주었을 뿐이다. 딸은 역시 아무 것도 필요하지 않다고 말했다.

어려운 시절에 사춘기를 보냈기에 자칫 트라우마로 남을 수 있다. 미국의 재무 전문가 섀넌 라이언 역시 아이에게 해서는 안 되는 말로 '돈이 없다'는 말을 꼽았을 정도. 그러나 우리 아이들은 부도 후 비록 월세 집에 살더라도 부족함 없이 공부했기 때문에 어려운 가정 형편이 안 좋은 기억으로 남아 있지 않다. 오히려 살면서 다양한 어려움이 생길 수 있다는 걸 배웠고, 미리 대비해야 한다는 생각 덕에 경제관념이 올바르게 잡혔다. 어려웠던 시절을 원망하는 대신 극복하는 방법을 배운 것. 또한 위기가 닥쳤을 때 타인의 도움이 아니라 스스로 일어서는 지혜를 나와 함께 깨우쳤다.

삶을 대하는 태도와 살아가는 방식은 타인에게서 은근히 배우는 것이다. 책이나 강의로 주입한다고 결코 가르칠 수 없다. 그런 점에서 나는 엄마들에게 본인의 삶을 열심히 살고 그 모습을 자녀에게 보여주는 일이 백 마디 말보다 중요하다는 이야기를 하고 싶다.

내가 앞으로 할 이야기는 자녀 양육과 교육에 골머리를 앓고 있는 엄마들에게 건네는 조언이지만, 한편으로는 우리 사회가 조금 더 나은 곳이 되기 위한 주춧돌이기도 하다. 주체적으로 인생을 사는 청년들은 행복하고 또 성공했을 테니까. 그런 사람들로 가득한 사회는 분명 지금보다 덜 팍팍하고 생기가 흐르는 곳일 터이다.

꿈을 묻지 않는 나라

외국에서는 아이들에게 "꿈이 무엇이냐?"고 자주 질문하지만 우리나라는 그렇지 않다. 커서 뭐가 되고 싶은지 묻긴 하지만 그건 꿈이 아닌 직업을 가리킬 뿐이다. 그런 이유로 아이들에게 "꿈이 무엇이냐?"고 물으면 자신 있게 대답하는 경우가 별로 없다. 무엇을 하고 싶은지, 잘하는 게 무엇인지 아이 스스로도 잘 알지 못하기 때문이다.

우리나라에는 2만여 종의 직업이 있다지만 아이들이 아는 직업은 50여 개에 불과하다. 그나마 알고 있는 직업도 의사, 선생님, 아이돌처럼 매체에 자주 등장하거나 부모에게 들었던 것. 요즘 중고생에게 꿈을 물어보면 공무원을 선호하는 직업으로 꼽는다. 초등학생은 유튜버나 인터넷 방송 BJ를 꿈꾸기도 한단다. 안정적인 자리가 보장되거나 인기와 부를 쟁취할 수 있는 직업만이 선망의 대상이 되는 셈이다. 농담 반 진담 반 건물주가 꿈이라는 아이도 있고 말이다.

성인이 되어 힘들게 들어간 직장에서도 진정한 의미의 '꿈'은 실현되지 못한다. 2012년 한국고용정보원의 조사 결과에 따르면 우리나라 직장인 중 67%가 현재 자신의 직업에 만족하지 못하고 있는 것으로 나타났다. 직업 자체가 꿈이 되어버리니 막상 직업을 가진 후에는 꿈이라고 여길 만한 것이 없어져버린 것.

청년들의 퇴사가 늘어나는 건 어쩌면 당연한 수순이다. 한국경영자총협회가 발표한 '2017년 신입사원 채용실태 조사' 보고서에 따르면 대졸 신입사원의 1년 내 퇴사율은 30%에 육박하는 것으로 나타났다. 1년 안에 사표를 쓰는 비율은 지난 2010년 15.7%에서 2012년 23.6%, 2014년 25.2%, 2016년 27.7%로 해마다 증가하는 추세다.

치맛바람이 아이의 꿈을 가로막는다

과거에 비해 직업의 종류도 폭넓어졌고 다양한 직업을 체험해볼 기회도 많지만 정작 아이가 꿈을 꿀 '환경'은 마련되어 있지 않다. 어려서부터 학업 중심의 교육과 다른 사람들과의 경쟁, 비교를 먼저 접한 아이들은 무엇이 되고 싶은지 스스로 생각해볼 기회가 없고 자신감 또한 낮다. 이런 환경은 아이들의 꿈이 자라지 못하게 하는 데 결정적인 영향을 미친다.

아이가 먼저 꿈을 이야기하는 경우에도 부모 성에 차지 않으면 반대부터 하고 본다. 가령 아이가 미용사나 옷 가게 사장이 되고 싶다고 말한다면 대부분의 엄마들은 어떻게 반응할까? 부모 강의나 교육 등으로 아이의 의견을 무시하지 말아야 한다는 것은 알고 있지만 딱딱하게 굳은 얼굴 표정을 숨기지는 못할 것이다. 왜 내 아이는 꿈이 이것밖에 되지 않는지, 보고 배운 게 없어서라는 자책도 한다.

그러나 아이의 꿈은 자라며 수시로 바뀐다. 설령 아이가 진심으로 미용사를 꿈꾼다 해도 세계적인 살롱의 대표가 될지 누가 알겠는가.

엄마의 역할은 아이가 앞으로 살면서 가야 할 방향을 미리 정해주는 게 아니라 아이가 좋아하고 잘하는 것이 무엇인지 옆에서 관찰하고 그것을 잘 발휘할 수 있도록 이끌어주는 것이다. 그러나 많은 엄마들이 그 역할을 제대로 이해하지 못하고 있는 것 같다.

특히 이런 엄마들이 참 많다. 유명한 학원과 과외 정보를 꿰고 다람쥐 쳇바퀴 돌리듯 공부를 강요하는 부류. 교육에 관해서는 아낌없이 돈을 투자하지만 정작 아이가 외국으로 배낭여행을 가고 싶다거나 어학연수 이야기를 꺼

내면 "돈이 어디 있니?"라고 받아친다. 아이가 하고 싶다고 하는 건 돈이 없어서 못 해준다는 엄마들이 왜 아이가 싫다는 건 악착같이 시키는 걸까?

우리 아이들 중2, 고2 여름방학 때 필리핀으로 한 달 살기로 고2 딸을 보냈다. 그냥 마음껏 놀다 오라고. 한창 공부할 때라고 생각하겠지만 마음껏 놀아야 한다고 생각했다. 그 결과 당연히 봉사활동 숙제는 전혀 하지 못했다.

물론 엄마들이 아이에게 바라는 직업은 아이가 행복하게 살길 바라는 마음에서 비롯된 결과다. 그 직업을 택하면 경제적으로 안정된 삶을 살거나 사회적으로 명성을 얻게 되고 이런 게 행복한 삶을 살아가는 데 지대한 영향을 미칠 것이라 판단했기 때문이다. 그러나 아이의 행복을 바라는 엄마의 마음이 결국 아이가 꿈을 잃게 만드는 결과를 가져올 수도 있다. 아이는 부모의 꿈을 이뤄주는 대리인이 아니다. 부모가 할 일은 아이의 꿈이 자랄 수 있는 환경을 만들어주는 것이다.

아이들은 무엇이든 할 수 있다

자신이 무엇을 좋아하고 원하는지 알아야 하고 싶은 것도 생긴다. 요즘 아이들은 자기 자신에 대해 생각해볼 기회가 별로 없다. 어려서부터 그렇게 자란 까닭이다.

아주 쉬운 예로 이웃 주민이 아이에게 나이를 물었을 때, 아이가 대답할 때까지 기다려주는 엄마가 몇이나 될까? 아이가 몸을 배배 꼬며 부끄러운 기색을 보이면 "다섯 살이에요."라고 대신 말하거나 "다섯 살이라고 말해야지."라고 아이를 채근한다. 또 다른 예로는 아이가 스스로 욕구를 깨닫기도 전에 '너 OO 하고 싶구나?', '지금 이거 할까?'라며 대신 정의내리기 일쑤. 이는 아이 스스로 선택할 기회가 적다는 뜻이기도 하다.

옷을 갈아입거나 밥을 먹는 사소한 일부터 엄마가 도와주고 초등학교에 입학한 뒤에는 책가방 싸는 것과 숙제까지 챙겨준다. 조금 더 이야기해 보면 중·고등학교에 입학한 후에도 엄마의 보살핌은 계속 이어진다. 자율학습 마칠 시간에 맞춰 차로 데리러 가고 밤마다 살뜰히 간식을 챙긴다. 스무 살이 넘은 자녀의 밥상을 끼니마다 직접 차리고, 독립한 자녀일지라도 자취방이나 신혼집에 반찬을 나르는 엄마가 요즘 너무도 많다.

아이는 자기 스스로 선택하고 행동하는 과정에서 자신을 더 많이 이해하고 선택에 책임을 져야 한다는 것도 자연스레 알게 된다. 자기이해가 높은 아이는 자신이 좋아하는 것과 싫어하는 것, 잘하는 것과 부족한 것을 알고 있을 뿐 아니라 복잡하고 다양한 감정 역시 인지할 줄 안다. 이런 이해는 적응하는 능력으로 발휘된다. 단순히 장점과 약점을 아는 것에 그치지 않고 약점을 보완하기 위해 노력하고 계획도 세우게 되는 것. 자존감이 높아서 쉽게 위축되거나 섣불리 포기하지도 않는다.

그렇기 때문에 아이가 어릴 때는 진로 지도보다 아이가 충분히 자기를 이해하고 자존감을 가질 수 있도록 지지하는 게 중요하다. 아이가 하나의 인격체로서 자기 인생을 잘 살 수 있도록 돕는 것, 그 기반을 닦아주는 일이 부모가 자녀에게 줄 수 있는 그 어떤 유산보다 값지다. 억만금을 준다고 해도 돈으로는 살 수 없고 심지어 다 큰 성인에게는 주고 싶어도 쉽지 않다. 이 책에서 자녀 양육과 교육 이야기를 빼놓을 수 없는 이유다.

둘째인 아들은 가정 형편이 가장 어려운 시기에 미국으로 유학을 갔다. 고등학교 1학년이었고 어느 날 갑자기 유학을 가고 싶다고 선언했다. 공부를 마치고 한국에 돌아와서는 곧장 입대를 했고 말년휴가 때 원하는 외국계 기업에 지원해 최종 면접까지 치렀다. 그리고 제대하자마자 그 회사로 출근하기 시작했다. 자신이 어떤 일을 하며 돈을 벌어야 할지 제 나름대로 차근차근 계획을 세웠던 것이다.

그동안 나는 아들의 선택에 대해 단 한 번도 토를 달지 않았다. 어려운 상황을 핑계로 원하는 학업을 미루게 만들지 않았고 진로의 방향에 대해 사소한 간섭도 하지 않았다. 그럴 마음이나 생각조차 없었는데, 아이가 원하는 걸 필요한 때 해주는 게 내 역할이라고 믿었기 때문이다. 자녀의 꿈을 뒷받침한다는 명목 하에 아이의 일거수일투족을 드론처럼 따라다니며 감시하고 간섭하는 게 엄마의 역할은 아닌 것이다.

가령 아이에게 책을 사줄 때 대부분의 아이들이 원하는 책은 스티커를 붙이거나 종이를 오리는 활동이 있는 워크북이다. 그러나 엄마들은 과학책이나 위인전을 고집하게 마련. "왜 쓸 데 없는 책만 좋아하니?"라고 핀잔을 주는 엄마도 많을 것이다. 그럼 아이는 입을 삐죽이며 다른 데로 관심을 돌려버린다. 아이 입장에서는 읽고 싶고 하고 싶은 걸 제지당하니 책 자체가 눈에 안 들어오는 건 어쩌면 당연한 수순이다. "아이가 책을 안 좋아해요.", "책을 안 봐요."라고 볼멘소리를 할 게 아니다. 책을 쌓아 집을 짓든 거꾸로 보든 아이가 스스로 호기심을 충족시키는 걸 지켜봐야 한다.

게다가 아무리 어린 아이라도 취향과 선호가 있는 법이다. 아이가 다섯 살이면 그에 맞는 캐릭터 신발을 사줘야지 10년 뒤에 신을 에어맥스 운동화를 사주면 발에 안 맞아 넘어지게 되고 결국 신발이 아무리 비싸고 좋아도 벗어던질 수밖에.

　그러니 엄마들이여, 절대 조급해하지 말라. 아이들은 엄마들이 우려하는 것보다 훨씬 똑똑하고 무엇이든 할 수 있다. 채근하고 닦달할 게 아니라 기다리고 지켜보자. 아이가 스스로 꿈을 만들고 그 꿈을 무럭무럭 가꿀 수 있도록 도와주자.

하고 싶은 게 있는 아이로 키워라

가끔 내가 살림하는 엄마였다면 사사건건 간섭하는 헬리콥터 맘이 되었을까 자문하곤 한다. 바쁜 엄마를 둔 덕에 아이들이 자의든 타의든 어려서부터 무엇이든 스스로 해야 했으니까. 가방과 준비물을 챙기는 간단한 일부터 하교 후 알아서 시간을 보내는 것까지, 스스로 해야 하는 일의 범위는 폭넓었다. 이를 테면 준비물을 살 때도 그 전날 미리 내게 준비물 값을 받아두지 않으면 다음날 빈손으로 등교해야 하는 식이었다.

알림장을 일일이 확인하며 준비물을 챙길 시간적 여유도 없었지만 학교생활과 관련한 준비는 전적으로 아이의 몫이라는 생각도 컸다. 그래서였을까, 아이 둘 모두 스스로 할 수 없는 일은 내게 도와달라고 부탁했지만 할 수 있는 일을 대신 해달라고 요청한 적은 단 한 번도 없었다. 한마디로 엄마에게 의지하지 않는 아이들이었다.

장성한 아들은 주말이면 평일에 입은 와이셔츠 다섯 벌을 직접 세탁하고 다림질한다. 평일에는 퇴근하고 취미생활을 즐기는 편이라 본인이 정한 나름의 규칙인 셈이다. 방 청소며 집안일을 곧잘 하고 끼니도 꼬박꼬박 챙겨 먹는다. 이쯤이면 독립을 제법 잘해낸 싱글 라이프처럼 생각되겠지만 아들은 아직 나와 함께 살고 있다. 가끔씩 엄마표 김치볶음밥이 먹고 싶다고 메시지를 보내오는데 그때마다 아들은 꼬박꼬박 부탁해도 되느냐고 묻는다. "김치볶음밥 해주실 수 있어요?"라고. 아들에게 엄마는 어려서부터 일하는 사람이었으므로 밥이나 청소, 빨래 등은 엄마의 몫이 아닌 같이 사는 구성원이 분담해야 하는 일인 것이다. 그러니 도움이 필요할 땐 부탁을 하는 게 우리 집에선 자연스러운 일이다.

그런데 요즘은 성인이 된 자식의 뒷바라지까지 자처하는 엄마들이 의외로 흔하다. 내 주변만 해도 그렇다. 실컷 재미나게 여행 계획을 세운 뒤에 돌연 "아무래도 우리 애가 고3이라 못 갈 것 같다."고 말하는 사람이 꼭 생긴다. 자식이 수험생인 게 엄마가 여행을 가지 못할 이유가 될까? 엄마 마음이 편치 않고 자녀를 챙겨줘야 하는 까닭인데 내 눈에는 엄마가 자녀를 못미더워하고 자녀는 엄마를 지나치게 의지하는 모습으로 보인다.

생활계획표의 비밀

우리 아이들이 주체적이고 자립심 강한 사람으로 자란 비결에 대해 나는 생활계획표를 꼽는다. 무슨 뚱딴지같은 소리인가 고개를 갸웃하는 사람도 있을 터이다. 그러나 올바른 생활계획표는 자신이 무엇을 좋아하고 어떤 일을 하고 싶은지 알아가는 첫걸음이자 독립적인 주체로 성장하는 데 영향을 미친다. 자녀 양육과 교육에 관해서라면 이 이야기를 빼놓을 수 없다.

한편 생활계획표는 우리나라 아이들을 못살게 구는 대표주자이기도 하다. 방학이면 어김없이 도화지 가득 원을 그리고, 시간에 따라 할 일을 빡빡하게 구획해놓은 그 계획표 말이다. 눈 떠서 잠들 때까지 한 시간 단위로 아이를 채근하는 생활계획표는 대체 누굴 위한 것일까? 아이가 직접 그리고 작성해도 엄마의 의견을 반영한 결과물인 경우가 대부분이다. 아마 엄마가 대신 작성한 집도 많을 터.

유치원 다닐 때부터 접하는 이 공포의 원형 생활계획표는 초등학교 방학 단골 숙제이자 중·고등학교를 거치면서도 형태만 바뀔 뿐 끈질기게 아이들을 괴롭히는 존재다. 오죽하면 아이들이 '계획은 깨라고 있는 것이 아니겠냐?'며 우스갯소리를 할까.

나는 생활계획표를 작성할 때 반드시 절반 정도는 아이들이 하고 싶은 걸 넣게 했다. 열 가지 항목을 작성한다면 다섯 개는 무조건 아이 뜻에 따랐다. 보통 아이들이 원하는 일은 텔레비전 보기, 과자 먹기, 컴퓨터게임 등으로 평소에는 엄마들의 잔소리를 유발하는 것들이다. 그럼에도 불구하고 아이의 의견을 적극 반영한 이유는 계획이란 본래 본인이 하고 싶은 일을 구상하는 것이기 때문이다.

어려서부터 본인이 하고 싶은 것, 원하는 걸 분명히 인지해야 하는데 남이 계획하고 만들어준 시간표대로 생활하면 '나'를 아는 일은 점점 더 멀어지고 만다. 내가 앞서 요즘 아이들은 어려서부터 자신이 무엇을 하고 싶은지 깨닫고 행동하는 기회 자체가 차단되어 있다고 말하지 않았던가. 이처럼 사소한 데서 '박탈'이 생기는 것이다.

계획표를 처음 작성한 때는 큰 아이가 초등학생, 둘째가 유치원생일 때였다. 나는 먼저 아이들이 원하는 목록을 작성한 다음 내가 바라는 항목을 나란히 적었다. 완성한 생활계획표는 다음과 같았다.

우선 아이들과 타협을 했다. 각자 하고 싶은 걸 하려면 하기 싫은 것(엄마가 바라는 일)도 해야 한다고 일러준 것이다. 아마 나는 그때부터 대가를 지불해야 하는 세상의 이치를 일깨워주고 싶었던 모양이다. 대신 엄마가 요구한 내용을 잘 지키면 원하는 건 무엇이든 해도 좋다고 이야기했다. 마음껏 텔레비전을 보고 과자를 먹어도 되니 아이들에게는 귀가 솔깃한 제안이었을 것이다.

주간생활 계획표

★ 엄마가 바라는 것

⊙ 아이가 원하는 것

	해야할 일	월	화	수	목	금	토	일
⊙	TV 보기	☺	☺				특별활동-교회	놀기
⊙	과자 먹기						놀기	
★	책 읽기	☺					여행	
★	학습지 책상에서 하기							
⊙	놀이터에서 놀기							
⊙	컴퓨터게임하기							
★	누나랑(동생)이랑 싸우지 않기	☺						
★	밥 잘 먹기	☺						
⊙	학교 재밌게 다녀오기							
★	10시에 잠자리에							
	참잘했어요						용돈 300원	

물론 처음부터 완벽하진 않았다. 집에 돌아가면 아이들

과 머리를 맞대고 생활계획표를 확인하는 시간을 가졌다. 과자를 먹고 텔레비전과 만화책을 실컷 보았으니 아이들이 원하는 항목 옆에는 늘 계획을 지켰다는 의미인 스마일 표시가 가득했다. 그러나 '책 읽기'나 '학습지 풀기' 등의 항목은 곧잘 빼먹곤 했다. 나는 지키지 못한 항목 옆에 찡그린 얼굴 표시를 그려 넣었다.

사소한 다툼이 벌어지기도 했다. 서로 게임을 하고 싶은데 컴퓨터는 한 대 뿐이고 보고 싶은 텔레비전 채널도 각기 달랐기 때문이다. 아이들은 퇴근한 나를 붙잡고 우는 소리를 늘어놓았다. 나는 아이들을 나란히 세워놓고 엄마가 제시한 '서로 싸우지 않기' 항목을 지키지 않은 것이냐고 되물었다. 아이들은 입을 비쭉 내밀었고 서로 눈짓을 주고받는가 싶더니 이내 고개를 가로저었다. 그리고 소동은 얼마 지나지 않아 잠잠해졌다. 아이들이 자신들만의 방법을 터득한 것이다. 바로 규칙을 정한 일이다.

리모컨 주도권을 두고 다투던 아이들이 월·수·금요일은 첫째, 화·목·토요일은 둘째가 원하는 프로그램을 먼저 보는 것으로 합의했다. 또한 몇 시부터 몇 시까지 컴퓨터를 사용할지 시간을 정하고 순서에 따라 자리를 비켜주었다.

규칙을 정하라고 말한 적도 없고 합의점을 찾는 과정 또한 일러준 적 없었다. 아이들에게 전적으로 자율성을 부여한 결과였다. 또 나중에는 내가 퇴근하기 전에 아이들이 알아서 약속한 열 개 항목에 모두 스마일 표시를 그려 넣곤 했다.

본인들이 원하는 건 규칙을 만들어서라도 사수했지만 엄마와 약속한 항목을 지키지 못한 경우는 없었을까? 물론 그런 날도 있었다. 퇴근하고 집에 오니 아이들이 부리나케 책을 펼치거나 학습지를 푸는 모습을 보여주는 때도 있었다. 그러나 하고 싶은 걸 하려면 엄마가 제시한 것도 지켜야 한다는 점을 배웠기 때문에 안 하고 어물쩍 넘기는 법은 결코 없었다. 만약 하루 동안 지키지 못한 항목이 '책 읽기'라면 한두 페이지라도 반드시 읽었다.

여기서 주목할 점은 자기가 정한 계획표를 어떻게든 지켰다는 사실이다. 고작 한두 페이지라도 아이들은 엄마와의 약속을 지켰고 자신이 하고 싶은 일에 대한 대가를 지불한 셈이다. 그래서 나는 어떤 책을 읽었는지 그 내용을 물어 아이를 귀찮게 하거나 독후감을 쓰라는 등의 과한 요구를 굳이 보태지 않았다. 매일 책을 읽는 행위로 충분했다. 이후에는 책 읽기가 습관이 되어 아이들은 휴가를 가거나 할머니 댁에 가더라도 가방 가득 책을 챙기게 되었다.

약속의 중요성을 이야기하는 게 아니다. 아이가 스스로

정한 일과를 지키고 그걸 매일 반복했다는 점이 포인트다. 하교하면 숙제를 하거나 책을 읽고, 엄마가 챙겨주지 않아도 끼니때가 되면 밥을 차려 먹어야 한다는 것. 반드시 해야 하는 일을 하고 스스로 할 수 있는 일상적인 일의 범주를 차근차근 늘려나간 결과 아이들은 무엇이든 알아서, 심지어 잘하는 아이들이 되었다.

그 덕분인지 비교적 큰 고민 없이 진로를 선택할 수 있었고 지금은 만족하는 직장에서 촉망받는 인재로 일하고 있다. 셀프리더십은 하루아침에 만들어지지 않는다. 몸의 근육과 같아서 모양을 만들고 키우려면 단련이 필요하다.

자기주도 학습이 필요하다

부모가 아이를 양육할 때 가장 많이 하는 실수 중 하나가 바로 아이의 질문에 "나중에!" 또는 "기다려!"라고 대꾸하는 일이다. 지금 당장 내가 바쁘고 할 일이 있다고 해도 그 일을 마칠 때까지 아이의 궁금증과 호기심이 여전하리라고 기대하기는 어렵기 때문이다. 자라는 아이들은 호기심이 왕성한 만큼 곧잘 흥미를 잃어버린다. 아이의 질문에는 즉각 반응해주는 게 좋은데 손쉬운 반응으로 아이의 호기심을 충족시키는 방법이 있다.

나는 아이들이 질문을 할 때마다 "찾아봐."라고 말했다. 아이들이 어릴 때는 집에 책이 2천 권도 넘게 있었다. 어떤 책을 찾아보라고 권하지 않았고 그저 찾아보라고만 이야기했다. 그러면 아이가 아무 책이나 뒤적거리기 시작했고 궁금증을 해결하든 해결하지 못하든 어느새 책 속에 푹 빠져버렸다.

물론 어느 정도 자라면 자신이 궁금하게 여기는 내용이 과학책에 있는지 국어책에 있는지 스스로 터득하게 된다. 무조건 찾아보라고 대응하자 이후에는 내게 질문하는 경우가 현저히 줄어들었다. 스스로 찾아보는 습관이 형성돼 궁금증이 생겼을 때 필요에 의해 책을 보고 공부하는 과정을 몸소 깨우친 셈이다.

첫 아이는 비교적 이른 나이에 한글을 뗐다. TV 광고나 전단지, 간판을 보면서 제가 아는 단어를 하나씩 조합해 가며 글을 익혔다. 그러나 둘째는 여섯 살이 될 때까지 한글을 몰랐다. 첫 아이만큼 한글에 관심이 없었던 데다 아이가 원하지 않기에 나도 내버려 두었다.

그러던 어느 날 유치원에 다녀온 둘째가 눈물을 뚝뚝 흘렸다. 본인만 **빼고** 친구들이 모두 자기 이름을 쓸 줄 알더라는 것이다. 나는 때를 놓치지 않고 한글 공부 책을 사 주었고 아들은 3개월 만에 한글을 뗐다. 둘째가 비상한 머리를 타고 났다는 말이 아니다. 아이들은 필요를 느끼면 순식간에 흡수한다는 이야기다.

공부 또한 마찬가지다. 엄마들이 열을 올리고 채근한다고 자녀의 성적이 수직상승하지 않는다. 자녀 스스로 필요를 느끼는 게 우선이다. 자기 자신을 잘 알고 있고 하고 싶은 게 있는 아이는 누가 시키지 않아도 본인의 미래를 위해 분주히 달려 나가고 있을 터이다.

자녀의 자존감을 높이는 대화법

스스로 선택하고 행동하는 과정은 자기이해를 높이는 지름길이므로 아이에게 자율성을 부여하자고 이야기했다. 자율성 못지않게 중요한 게 자존감이다. 특히 자존감은 어린 시절에 형성되므로 부모의 가치관이나 부모와의 관계에서 지대한 영향을 받는다. 이때 형성한 자존감이 성인이 되어서 사회생활이나 대인관계를 좌우하는 까닭에 올바른 자존감 형성은 매우 중요한 일이다.

최근 몇 년 사이 자존감이 우리 사회의 화두로 떠올랐다. 자존감 높이는 방법에 관한 책이 우후죽순처럼 쏟아져 나왔고, 초등 자존감부터 성인의 자존감까지 자존감을 높여야 하는 대상 또한 폭넓었다.

나는 엄마들이 자녀 교육에 열을 올리는 대신 자존감을 높여주는 일에 관심을 기울인다면 훨씬 긍정적인 영향을 미칠 수 있지 않을까 생각하곤 한다.

내 아이들은 자존감이 높은 편이다. 사춘기 시절 집안의 가세가 급격히 기울고 부모가 이혼하는 아픔을 겪었지만 구김살이라곤 찾아볼 수 없을 정도다. 살면서 어떤 경험을 하느냐에 따라 자존감은 변하고 특히 부정적인 경험이나 트라우마는 자존감에 상처를 입히기도 한다. 그러나 내 아이들은 그렇지 않았다. 아이 둘 모두 흔들림 없이 높은 자존감을 유지할 수 있었던 비결이 뭘까? 자존감을 형성할 어린 시절에 그 기반을 잘 닦아놓은 덕분이다.

단단한 자존감을 만드는 키워드는 다름 아닌 사랑의 말이다. 다정한 말이나 칭찬을 받고 자란 사람들은 대체로 세상에 불만이 없다. 버림받거나 미움과 원망을 들으며 자란 사람들이 가슴 속에 울화가 많아 사회에 불만을 표출하곤 한다. 극악무도한 범죄가 늘어나는 것도 화가 많은 사회가 되었음을 입증한다고 생각한다. "나를 이상하게 쳐다봤다.", "나를 욕했다."는 이유로 범죄를 저지르는 경우도 굉장히 많이 늘었다.

멀리서 사례를 찾을 필요도 없다. 사소한 일로도 아이를 윽박지르거나 몰아세우는 엄마들을 주변에서 참 많이 봤다. 물론 훈육은 필요하다. 다만 아이를 비난하거나 원망하는 식의 표현은 훈육에 도움이 되기는커녕 역효과를 불러올 가능성이 크다는 말이다. 엄마 입장에서는 별 것 아닌 것 같은 말 한 마디로 아이의 자존감이 높아지기도 하고 또 낮아지기도 한다.

사소한 말 한 마디의 차이가 변화의 시작

나는 어려서부터 칭찬을 많이 받고 자랐다. 그래서인지 아이들 또한 그렇게 키웠다. 예의범절에 관해서는 따끔하게 야단을 쳤지만 그 외에는 큰 소리 한 번 내지 않았다. 아이들이 내가 없는 사이 도배지에 크레파스로 진탕 낙서를 하고 곽 티슈의 휴지를 몽땅 뽑아 바닥에 흩뿌려놓은 날도 마찬가지였다.

하루는 딸이 두루마리 화장지 한 통을 모두 어항에 넣었다. 물고기 밥이라고 넣어주면서 깔깔거리며 너무 좋아하고 있었다. 기가 막혔다.

보통의 엄마들은 난장판이 된 집안 꼴을 보고 가장 먼저 무슨 말을 할까? 등짝으로 손바닥이 먼저 나가는 경우도 많을 터. 나는 아이들과 차례로 눈을 맞추고 물었다.

"이게 다 뭐야? 뭘 이렇게 어질렀어?"

그러자 두 아이 모두 얼굴 가득 웃음을 띠고 키득거렸다. 이마에는 땀방울이 송골송골 맺혀 있었다.

"이렇게 노는 게 너무너무 재밌어!"

아이의 대답을 듣는 순간 단박에 이해가 되었다. 그리고 너저분한 집안 사정 따윈 깔끔하게 포기가 되었다. 내가 무던한 성격이라 그런 건 결코 아니었다. 나는 원래 박스 테이프를 들고 다니면서 집안의 먼지를 정리할 만큼 유난스럽고 깔끔한 스타일이었다. 아이들이 놀이터에 다녀오면 현관에서 옷을 벗긴 다음 한 명씩 들쳐 업고 욕실로 옮겼을 정도.

그러나 아이들의 놀이에 관해서는 관대했다. 물론 바깥일을 시작하면서 청소에 열을 올릴 만한 여유가 없기도 했지만 내가 없는 동안 아이들이 즐거운 시간을 보냈다면 그것으로 충분하고 또 고마웠다. 엄마가 없는 동안 지루하고 무료한 시간을 보내며 울적해하는 것보단 훨씬 낫지 않은가.

아이와 나누는 대화도 자존감에 영향을 미친다. 자존감을 높이는 대화는 자녀의 관점과 입장을 고려한 아이 중심의 대화다. 엄마의 입장과 관점에 치우친 엄마 중심의 대화는 자칫 아이를 비난하는 식으로 전개되거나 소통의 단절을 가져올 수 있다.

엄마 중심의 대화라고 하면 이런 상황을 예로 들 수 있다.

엄마 : 공부 잘 돼가?

아이 : 몰라.

엄마 : 네가 모르면 누가 알아! 너 요즘 공부 안 하지?

자녀가 먼저 대화를 거는 경우에도 비슷한 상황이 벌어질 수 있다.

아이 : 엄마, 나 요즘 방탄소년단이 너무 좋아.

엄마 : 너 또 쓸데없는 데 시간 낭비할 거니?

아이 : ……

최근에 아들이 피아노 학원을 다니기 시작했다. 퇴근하면 집에서 저녁을 챙겨 먹은 후 곧장 레슨을 받으러 간다. 주말에는 학원에서 혼자 몇 시간씩 피아노를 치다 온다. 나는 아들이 피아노 학원에 등록했다고 말할 때 엄지를 치켜세우며 말했다.

"아들, 너무 멋지다. 최고야!"

그러나 누군가는 나와 달리 이런 반응을 보일 터다.

"다 큰 아이가 한 푼이라도 아껴서 적금을 붓지 그랬니."

"학원을 다닐 거면 커리어에 도움이 되는 쪽으로 알아보지 그랬니."

심한 경우에는 앞선 예시와 마찬가지로 쓸데없는 데 돈

쓴다고 나무라기도 할 것이다. 그런 식의 이야기를 들으면 자녀는 자신이 선택한 일이 '쓸데없고', '커리어에 도움이 되지 않는' 하찮은 일로 여겨지게 마련이다. 사소한 데서 자존감이 낮아지고 자신감을 잃게 된다. 그러니 아이를 깎아내리는 말보단 선택을 존중하고 응원하는 말을 자주 하자.

격려는 세상에서 가장 든든한 말

나는 어려서부터 아이들을 격려하는 데 인색함이 없었다. 과하다 싶을 만큼 '우쭈쭈쭈'해 주었다. 둘째가 초등학교에 갓 입학한 때의 일이다. 회사에 양해를 구하고 등교 첫 날만 아이를 학교까지 데려다 주기로 했다. 이튿날부턴 아이 혼자서 등교하기로 아이와도 이야기를 해두었다. 아파트와 아파트 사이의 횡단보도를 두 개나 건너야 했지만 아침마다 녹색어머니회에서 봉사를 해주신 덕에 안심할 수 있었다. 나는 아이의 손을 잡고 횡단보도를 건널 때마다 "깃발로 차를 막아주실 때 건너야 한다."고 꼼꼼하게 일러주었다. 그리고 학교 정문에 도착했을 때 아이와 눈을 맞추고 말했다.

"내일부터는 엄마도 일 가야 하니까 여기까지 못 데려

다 줘. 오늘 횡단보도 건넜던 거 잊지 않았지? 이 길 혼자서 왔다 갔다 할 수 있지? 그거 해내면 너 무지무지 대단한 거야."

마지막으로 아이의 이마를 쓸어주며 격려했다.

다음날, 하교 시간에 맞춰 둘째에게 전화가 왔다. 전화를 받자마자 아이가 대뜸 소리쳤다.

"엄마 나야! 나 집에 왔어!"

목소리에서부터 아이의 성취감이 고스란히 전해졌고 순간 코끝이 찡해졌다. 아이는 신이 나서 조잘거렸다. 다른 친구들은 엄마가 교문 앞에서 하교하길 기다리고 있었지만 자기는 혼자서도 집에 잘 찾아왔다는 요지였다.

만약 이때 자존감이 낮은 아이라면 '우리 엄마만 왜 안 왔지?'라고 생각하며 기가 죽을 수 있다. 그러나 나는 아이들에게 엄마가 일하는 사람이라는 인식을 자주 심어준 데다 스스로 하는 일에 대한 격려를 아끼지 않았기 때문에 아이가 오롯이 성취감을 만끽할 수 있었던 것이다. 자존감이 낮아지기는커녕 더 높아졌을 터.

또 어느 날은 아들이 불쑥 이렇게 물었다.

"엄마, 나 소풍 가는 날 엄마는 못 오지?"

내가 뭐라고 대답했을까? 나는 아이에게 조곤조곤 상황을 설명했다.

"담임 선생님도 아들이 있다고 했지? 그런데 선생님 아들 소풍 못 따라가고 너희 반 소풍 함께 가잖아. 각자 할 일이 있고 그 일이 다르기 때문이야."

그러자 아이가 고개를 끄덕이며 이해한 표정을 지었다. 납득할 만한 이유가 있다면 어린 아이도 수긍하고 이해하게 마련이다. 무조건 "엄마 바빠, 안 돼."라고 이야기하는 것보다 아이 눈높이에 맞는 대답으로 이해를 구하길 추천한다.

이토록 쉬운 관심 표현법

그렇다고 아이들이 애늙은이처럼 자란 건 아니다. 여느 아이들처럼 서로 지지고 볶고 싸우기도 하고 철없는 행동도 했지만 본인들이 해야 하는 일에 관해서는 정확했다. '엄마는 일하는 사람'이고, '각자 해야 하는 일이 있다'는 인식을 틈틈이 심어준 덕분이었다.

얼마 전 딸을 시집보내면서 허심탄회하게 이야기를 나누었다. 내가 한창 바빴던 때 아이들이 조금 외롭지는 않았을까, 마음 한 구석에 늘 담아두었던 속엣 말을 털어놓았다. 특히 딸은 첫째라서 동생을 챙겨야 하는 역할까지 도맡았고, 딸이 초등학교 저학년일 때는 내가 일을 시작한 지 얼마 되지 않은 때라 여러모로 소홀한 점이 많았을 거란 짐작을 종종 해왔기 때문이다. 딸은 힘들었던 순간이 있었지만 모두 지난 일이고 우리 가족이 힘을 합쳐 그 시기를 극복했다는 게 중요하다고 말했다.

아이들에게 엄마의 빈자리가 조금 외롭게 느껴졌을 수도 있다. 텅 빈 집에서 혼자 시간을 보내거나 엄마의 살뜰한 손길이 없으면 사랑받지 못한다는 생각을 할 수도 있다. 그러나 그런 상황이 결코 아이를 비뚤어지게 만드는 원인은 아니다. 만약 외로움이 아이를 고통스럽게 만들고 일탈의 원인이 되었다면 나 역시 어떻게든 아이들 뒤를 쫓아다녔을 것이다. 그런 일로 아이의 자존감이 낮아지지 않는다는 건 내가 보장할 수 있다. 다만 엄마가 아이에게 애정과 관심이 있다는 걸 틈틈이 보여주어야 한다는 전제가 따른다.

혹자는 내가 아이들을 방목한 게 아니냐고 되물을 수도 있겠지만 나는 자녀의 생활에 관심이 있다면 자율성을 부여하는 것이지 방목은 아니라고 대답하고 싶다.

알림장을 일일이 확인하며 준비물을 챙기지는 않았지만 학교에서 보내오는 생활통지표 등 엄마가 알아야 하는 내용에는 관심을 기울였다. 그리고 틈 날 때마다 아이에게 보여주었다. '엄마가 네게 관심이 많다.'라는 모습을 말이다.

"다음 주에는 식물에 관해서 배우더라? 그 다음 주는 네가 좋아하는 공룡을 배우고 말이야."

내가 넌지시 말을 건네면 아이가 깜짝 놀라면서 어떻게 알았느냐고 되물었다. 그러면 나는 딱 한 마디를 덧붙였다.

"엄마는 다 알지!"

엄마가 아이의 일거수일투족 다 알면서도 내버려둔다는 인식을 심어준 것. 방학식이 언제인지 내가 먼저 알아두고 "내일부터 방학이네?"라고 물어 관심을 보여주었다. 또 "00랑 요즘도 잘 지내지?"라는 식으로 아이들 눈높이에 맞는 질문을 자주 건넸다. 이런 식의 대화는 아이들이 성인이 된 요즘도 여전하다. 나는 아이들의 관심사에 흥미를 갖고 동조하는 편이다.

딸은 학창시절에 가수 신화를 무척 좋아했다. 아이가 고3일 때도 텔레비전에서 신화가 나오면 나는 볼륨을 한껏 높이고 방문을 두드리곤 했다. "나와서 이거 보고 공부해."라고 말이다. 우리 딸이 좋아하는 신화가 그땐 나도 정말 좋았다. 딸과 같이 멤버들 이야기를 하며 수다를 떠는 게 참 즐거웠다.

아들은 요즘 배우 김태리를 좋아하는데 광고에서 김태리가 나올 때마다 내가 먼저 알은체를 하곤 한다. 내가

"진짜 예쁘다."고 하면, 아들은 "보는 눈 높은데!"라고 대꾸한다.

　이처럼 아이들이 무엇을 좋아하는지 관심사를 파악하고 있는 건 중요하다. 별 거 아닌 듯 보이지만 자녀와 부모 사이의 연결고리로는 부족함이 없다. 자녀가 사춘기 시절을 지나면서 부모와 사이가 멀어지는 경우가 많은데 부모 중심의 대화가 자녀에게 심리적 거리감을 주는 까닭이다. 사소한 대화부터 늘려 나간다면 가족 간의 대화가 단절되는 일을 걱정할 필요는 없을 것이다.

엄마 욕심이 줄면 아이가 자란다, 잘한다

　부모의 과한 욕심이 불러일으키는 사회적 파장은 그 정도가 나날이 진화(?)하고 있다. 뉴스에서 보도하는 일련의 사건들을 볼 때면 치맛바람이 대체 언제, 어디서부터 시작됐는지 궁금해지곤 한다.
　과거에는 교사에게 봉투를 찔러주는 수준이었다면 요즘은 범죄도 마다하지 않는다. 시험문제를 유출하고 허위로 대외활동을 만들어내며 논문까지 대신 작성한다. 부모의 과욕은 또한 아이를 나락으로 떨어뜨린다. 인기리에 종영한 드라마 <스카이 캐슬>이 그런 사회 문제를 여실히 보여주지 않았는가. 입시 코디네이터는 실제로 존재하며, 소위 '있는 집' 아이들은 서울대 또는 아이비리그 대학 입학에 목숨을 건다. 정확하게는 아이들이 아니라 아이들의 부모가 그러하다. 좋은 대학을 나오고 유명 기업에 입사하는 게 아직 우리 사회에서는 '엘리트 코스'로 통용되는 까닭이다.

그러나 부와 명예가 행복을 보장하지 않듯 허울뿐인 성공 역시 마찬가지다. 그런 이유로 나는 우리 사회가 점점 청년들을 유약하게 만들고 있는 건 아닐까 의문을 갖게 된다.

아이가 어릴 때는 제 나이보다 과한 지식을 습득하는 것보다 스스로 하는 습관을 길러주는 게 중요하다. 책을 많이 읽히는 게 좋지만 한글을 빨리 떼고 외국어를 두세 개씩 습득하며 수를 깨치기 위함은 아니다. 또한 어떤 공부도 부모의 지시에 의한 결과라면 소용이 없다. 그런 아이는 대학에 진학한 후로도 누군가의 지시에 의해 움직일 수밖에 없기 때문이다.

나도 흔히 말하는 '교육 욕심'이 있었다. 여느 엄마들처럼 아이들이 공부를 잘했으면 좋겠고 좋은 대학에 가길 바랐다. 그러면서도 그런 바람을 간섭이나 참견, 닦달로 드러내진 않았다. 책을 많이 사주고, 아이가 관심을 보이는 분야가 있다면 학원에 등록하는 등 공부하는 환경을 만들어줄 뿐 그 이외에는 아이들이 알아서 하게끔 내버려두었다. 그저 아이들이 스스로 중·고등학교 시절을 잘 보내길 바랐다. 각각의 시기를 잘 보내면 성인이 되어서도 자신이 속한 울타리에서 잘 적응하게 마련이고 사회생활을 잘하고 못 하고의 차이는 그런 데서 나타난다고 믿었다.

세상에서 가장 쿨한 엄마

딸은 자신이 원하는 고등학교에 선지원해 입학했다. 깨우지 않아도 아침 일찍 일어나 학교에 갔고 수업 후에는 야간자율학습까지 마치고 집에 왔다. 늦은 밤까지 야자 하는 아이를 데리러 학교에 가본 적, 없다. 수학능력시험 당일 아침에 아빠가 시험장까지 데려다 주고 마칠 시간에 내가 데리러 간 일이 학창시절 내내 유일한 '픽업'이었다.

대입 원서를 작성하는 시기에도 의논은 없었다. 나는 아이가 어느 대학을 지원했는지도 몰랐다. 식품영양학이라는 전공은 전적으로 아이의 선택이었다.

내가 딸의 진로에 관여한 일이 딱 한 번 있었는데 아이가 직장생활을 시작한 지 1년째 되었을 때였다. 딸은 성격이 차분하고 우직한 편이다. 입버릇처럼 투정을 늘어놓거나 우는 소리를 하는 법이 결코 없었다. 그런 아이가 어느 날 할 말이 있다고 했고, 엉엉 울면서 회사를 그만두고 싶다고 이야기했다. 나는 그러라고 했다.

흔히 첫 직장에서 3년은 버텨야 한다는 말을 많이 한다. 3년 미만의 경력은 이직할 때 큰 도움이 되지 않는 데다 끈기나 성실성을 논할 때도 판단 기준이 되기 때문이다.

그러나 아이가 1년 동안 회사에 적응하기 위해 노력하고 애쓰는 모습을 지켜본 결과 회사가 딸과 맞지 않는 게 눈에 보였다. 퇴근 후 집에 돌아오면 회사 관련한 이야기를 할 법도 한데 한 번도 그러지 않았다. 딸에게 회사생활이 입에 올리기 싫을 만큼 고통이었던 것이다. 최선을 다 했지만 그에 상응하는 기쁨이 없다면 관두는 게 맞다. 게다가 첫 직장이 너무 힘들면 트라우마가 생기고 앞으로의 직장생활에 영향을 미칠 게 분명했다.

딸은 퇴사하고 곧장 아르바이트를 시작했다. 식품영양학 전공을 살려 온라인에서 식단을 짜주는 일을 하며 틈틈이 다른 직장을 알아보았다. 쉬면서 기분 전환도 하고 머리를 식히면 좋을 텐데 앞으로 먹고 살 방법을 강구하느라 더 부지런한 생활을 했다. 물론 그때도 나는 일언반구의 참견도 하지 않았다.

문제아는 없다

반면 아들은 조금 특별했다. 딸은 한글도 빨리 떼고 배우는 족족 흡수가 뛰어났다. 초등학교 때 피아노와 바이올린, 미술 학원을 다녔는데 곧잘 성과를 내곤 했다. 그러나 아들은 정반대였다. 강연장에서 종종 아들 이야기를 들려주곤 하는데 그때마다 사람들이 박장대소를 한다. 개성이 강한 아이였고 주변에서 혀를 내두를 만큼 재기발랄했다.

첫째가 다니는 학원을 둘째도 다녔다. 피아노 학원은 한 달도 채우지 못했고 미술 학원은 딱 한 번밖에 안 갔다. 물론 뒤늦게 알게 된 사실이지만. 아들은 한 자리에 앉아 수업시간 내내 선생님의 이야기를 듣는 교육법을 싫어했다. 영어 학원의 경우 세 군데에서 완곡한 거절을 당했다.

첫 번째 학원에서는 아이가 너무 엉뚱해서 수업을 진행할 수가 없다고 말했다. 엉뚱한 질문과 대답으로 수업 분위기를 흐린다는 것. 한 번은 아이가 학원에 오지 않아서 선생님이 다음날 그 이유를 물었더니 친구 생일이었다는 대답이 돌아왔단다. 그리고는 이렇게 덧붙이더라는 것.

"친구 생일은 1년에 한 번이지만 학원은 다음날 또 가잖아요."

묘하게 수긍이 가는 핑계였다. 질문을 한 선생님은 어이가 없어서 웃고 대답을 들은 친구들도 모두 '빵' 터졌다. 아이의 그런 면이 주변 아이들의 호응을 불러일으켰고 다른 아이들도 유사한 핑계를 대면서 점차 수업 분위기는 걷잡을 수 없게 되었다.

학원 수업과 맞지 않는 건가 싶어 개인 과외로 방법을 바꿔보았다. 얼마 지나지 않아 과외 선생님도 백기를 들었다.

"영어에 흥미가 전혀 없어요. 가르칠 수가 없어요."

나는 최후의 방법으로 규모가 큰 학원을 선택했다. 여기서는 두 달 정도로 가장 오래 학원을 다녔다. 기존 학원들과 수업 스타일이 조금 달랐는데 수업 시간에 발표나 질문을 하는 아이에게 스티커를 주었다. 스티커를 많이 모은 아이들은 방학에 외국으로 연수를 데려가는 식. 아들이 스티커 모으는 데 재미를 붙인 덕에 두 달이나(?) 다닐 수 있었다.

이곳에서도 재미있는 일화가 있다. 회화 시간이었고 원어민 선생님이 학원에서 지하철역까지 가는 방법을 질문했다. 영작을 해야 하는 데다 원어민 선생님 앞이니 아이들은 조금 기가 죽은 상태였다. 잘하고 싶은 마음에 고민하고 머뭇거리기만 했다. 그러나 아들은 원어민 선생님을 데리고 교실 밖으로 나갔고 검지를 뻗으며 말했다.

"고, 고, 고."

복도를 쭉 따라가란 의미로 '고', 오른쪽으로 한 번 꺾으라는 의미인 '고', 다시 방향을 틀어 걸어가란 의미의 '쓰리 고'였다. 손가락으로는 지하철역으로 가는 방향을 정확하게 지시했다. 원어민 선생님은 아이의 재치에 검지를 치켜세웠다는 후문이다.

그러나 고등학교 때 아들은 영어 수업에 완전히 흥미를 잃었다. 학교에선 보충학습반에 배정했지만 그도 수업 시간에 부족했던 부분을 가르쳐 주는 식이 아니라 자율학습에 불과했다. 아들은 결국 보충학습반을 하지 않겠다고 선언했고 선생님과 상담을 하던 중 유학을 가겠다고 말했다. 선생님은 곧장 내게 전화를 걸었고 유학을 가는 게 사실이냐고 물었다.

아이가 집에 돌아오자마자 상황 파악부터 했다. 선생님에게 거짓말을 했느냐고 묻자 아이가 고개를 내저었다. 그러더니 무릎을 꿇고 차분하게 말문을 열었다. 학교에서는 영어를 못 하는 아이들에게 영어를 가르쳐 주기는커녕 못 한다고 채근한다는 게 아들의 요지였다. 못 해서 배우려고 하는데 왜 가르쳐 주지는 않고 혼내기만 하느냐고, 유학을 보내달라고 했다.

"영어 잘하고 싶은데 여기서는 안 될 것 같아, 엄마."

잘하는 분야를 칭찬하기보다 못 하는 부분을 지적하는 방식의 교육이 아들과 맞지 않는다는 걸 깨달았다. 아들은 수학이나 과학은 몹시 좋아했고 성적도 좋았다. 그러나 영어를 못 한다는 이유로, 자기주장이 분명한 이유로 지적을 받곤 했다.

당황한 마음을 추스를 겨를도 없었다. 당장 형편이 어떻든 보내야 한다는 생각만 들었다. 아들이 공부를 원하고 있었다. 한글에는 관심도 없던 아이가 유치원에서 본인만 이름을 못 쓴다고 눈물을 흘리던 때처럼 말이다.

아들은 유학을 가서 처음 두 달 동안 엄청 고생했다. 한국에서도 영어를 못 했으니 남들보다 배로 힘든 건 당연한 일이었다. 수업 내용을 이해하지 못하는 날들이 이어졌지만 등 떠밀려 간 게 아니라, 원해서 간 유학이기 때문에 스스로 어려움을 극복했다. 더군다나 학비, 체류비 외에는 한 푼도 보태지 않았으므로 아들이 얼마나 힘든 시간을 보냈는지 제 입으로 말하지 않아도 짐작할 수 있었다. 그러나 어렵고 불리한 상황에서도 아들은 무사히 유학을 마쳤다. 한국에 들어와서는 제 또래 그 누구보다도 빨리 진로를 정하고 자리를 잡았다.

주도적인 인생의 즐거움

나는 아이들에게 '내일은 없다.'고 강조하곤 했다. 아마 아이들에게 하는 유일한 잔소리가 아니었을까 싶다. 지금 하고 싶은 걸 당장 해야 한다는 말이다. 나중엔 몸이 아파서 못 하거나 되레 안 하고 싶을 수도 있다. '내일은 없다.' 는 나 역시 몸소 실천하는 바다. 그래서인지 아이 둘 모두 인생을 주도적으로 즐기고 있다.

딸은 나처럼 여행을 자주 다닌다. 결혼을 앞두고 혼자서 일본 여행을, 친구들과는 진해로 벚꽃 여행을 다녀왔다. 최근에는 주말 동안 통영과 거제를 한 바퀴 돌았다고 했다.

아들의 키워드는 '도전'이다. 얼마 전에는 다음날 마라톤이 있다며 주말인데도 일찍 잠을 청했다. 나는 대단하다고 격려해주고 아들과 하이파이브를 했다.

평일에는 열심히 직장생활을 하고 주말에는 취미생활을 즐기는 삶. 이 정도면 성공한 인생 아닐까? 자녀가 잘 살길 바라는 마음에서 비롯한 부모의 과욕이 훗날 자녀에게 어떤 도움이 될지 생각해보자. 어느 집단에서든 잘 적응하고 자신의 능력을 발휘하고 또 인정받는 일이면 충분하지 않은가. 무엇보다 자신의 삶을 윤택하게 가꾸어 나가며 그에 만족하고 있다면 더할 나위 없다.

거듭 강조하지만 시대가 바뀌었다. 과거에는 훌륭한 인물로 성공하고 돈을 많이 버는 사람을 꼽았지만 요즘은 아니다. 어느 분야든 특출한 사람은 전문가로 인정받고 다양한 방면에서 자신의 능력을 발휘할 수 있는 시대가

된 것이다.

성공의 의미 역시 달라지고 있다. 진정으로 자녀가 행복한 삶을 살기 원한다면 부모의 과욕은 내려놓자. 작고 여린 존재가 혼자 힘으로 인생을 잘 꾸려나가는 모습을 지켜보는 것만으로도 가슴 벅찬 감동을 느낄 테니까.

때로는 모르는 게 약

지금까지 자녀 양육과 교육에 관한 내 철학을 이야기했다. "이렇게 아이를 키우세요."라거나 "전적으로 저를 믿으셔야 합니다."라고 주장하는 게 아니다. 혹자는 내 경험을 두고 아이들이 주체적이고 독립적인 기질을 타고 난 게 아닌지 되물을 수도 있다. 은근히 자녀 자랑을 하는 게 아닌가 하고 말이다. 나는 자신 있게 "노!"라고 대답한다.

아이들은 얼마든지 비뚤어질 수 있었다. 갑자기 어려워진 가정 형편과 연이어 겪은 부모의 이혼, 그럼에도 불구하고 언제나 눈 코 뜰 새 없이 바쁜 엄마. 아이들이 외로움을 느껴 겉돌만한 상황으로는 충분했다. 그러나 아이들은 기대보다 잘 자라주었고 나와 함께 힘든 시기를 잘 헤쳐나갔다. 시간이 지나서 그때를 되돌아보니 앞서 언급한 점들이 아이들을 잘 지탱해주고 바른 길로 이끌어준 일종의 이정표였다는 걸 알게 되었다.

그래서 나는 엄마들에게 이야기하고 싶었다. 내가 회사 동료들에게 세상의 이치를 먼저 경험한 선배로서 대가를 지불해야 성공에 한 발 가까워질 수 있으며, 그 대가는 다름 아닌 지금 겪고 있는 그 어려움이라고.

부모라면 누구나 자식에게 무엇을 더 해줄까 고민하므로 아낌없이 주는 것보다 욕심을 덜어내는 일이 훨씬 힘들다. 빚을 내서라도 고액 과외와 학원을 지원하는 게 차라리 쉽지, 그저 손 놓고 아이를 지켜보는 일은 거의 고통에 가까울지도 모른다.

그러나 아이들은 우려와 달리 주체적이고 자립심도 강하다. 그러한 잠재력을 발휘할 기회가 충분하지 않아서 아이 스스로도 깨닫지 못할 뿐이다. 그래서 나는 자녀 양육에 관해서라면 '플러스'보다는 '마이너스'가 도움이 될 때가 많으며 아는 것보단 모르는 게 낫다고 생각하는 주의다.

자녀와 적당한 거리가 필요하다

우리 아이들은 비교적 사춘기를 유연하게 넘겼다. 적어도 나는 그렇게 알고 있다. 자녀 문제로 골머리를 앓거나 속상해한 일이 거의 없었기 때문이다. 그러나 나중에 딸이 귀띔하길 아들이 중학생일 때 컴퓨터게임에 미쳐 있었다는 것이다. 이른 새벽까지 컴퓨터 앞에 앉아 정신없이 게임을 했다는데, 낮에는 내가 집에 없고 밤에는 아이들보다 먼저 잠드니 알 턱이 없었다.

눈치 채지 못한 이유가 또 있다. 얼마나 늦게까지 컴퓨터게임을 했는지는 몰라도 아들은 아침이면 깨우지 않아도 벌떡벌떡 일어나 학교에 갔다. 이런 경우라면 간밤의 아들의 행동은 모르는 게 약이다. 아침이면 알아서 학교에 갈 텐데 굳이 한밤중에 언성을 높여가며 서로 감정 상할 이유가 없지 않은가.

지나친 간섭과 참견은 자녀에게 잔소리일 뿐이다. 게다가 잦은 잔소리는 부모 말의 권위를 떨어뜨리기 십상이다. 나는 원체 잔소리를 안 하는 편이었지만 어쩌다 한 번씩 "늦었는데 그만 자야지."라고 말하면 아이들이 군소리 없이 내 말을 따르곤 했다. 아마 내가 평소에 아이들 행동에 잘 간섭하지 않고 아이들을 믿는다는 걸 보여주었기 때문인 것 같다.

예를 들어 고등학생 아들이 2박3일 일정으로 친구들과 놀러간다고 하면 내가 할 수 있는 말은 "잘 다녀와."뿐이다. 이때 두 가지 상황을 가정할 수 있다. 진짜 친구들과 놀러가거나 또는 놀러간다고 거짓말하는 것. 만약 후자인 경우, 아이가 이미 거짓말하기로 작정했다면 추궁한다고 해서 진실을 받아낼 수 있을까? 불가능하다. 그러니 믿어주는 게 유일한 방법이자 아이와의 신뢰를 돈독히 하는 길이다.

아들이 군 복무 중일 때의 일이다. 휴가를 받았는데 집에 와서 옷만 갈아입고 친구들과 PC방에서 하룻밤을 새운다고 했다. 나는 여느 때처럼 "그래라." 하고 답했다. 오랜만이라 아들의 얼굴이 보고 싶긴 했지만 이미 그러기로 마음먹은 행동을 내가 바꿀 순 없는 법이다. 그걸 억지로 부모 뜻에 따라 바꾸려고 하면 불화가 생기게 마련이다.

요즘은 자녀가 서른이 넘었는데도 잔소리하는 엄마들이 꽤 많다. 내 지론은 이렇다. 스무 살이 넘으면 야단친다고 자녀를 개조할 수 없다. 이미 버릇이 형성된 걸 바꿀 수 없기 때문이다. 그리고 그 버릇은 사실 엄마가 만들어준 경우가 대부분이다.

성인이 된 자녀들에게 하는 잔소리란 대개 이런 것들이다. 왜 끼니를 안 챙겨 먹느냐, 왜 빨랫감을 아무 데나 던져두느냐, 이부자리 정리를 왜 안 하느냐는 식. 그러나 아이가 어렸을 때를 떠올려보면 밥을 안 먹을 때는 숟가락을 들고 뒤꽁무니를 쫓아다니며 먹였다. 아침마다 아이를 깨워서 학교에 보냈으며 아이가 없는 사이 이부자리 정리를 대신하고 아무 데나 휙휙 던져놓은 빨랫감도 일일이 찾아서 세탁기에 넣었다. 다른 누구도 아닌 엄마가 말이다. 그러니 스무 살 넘은 자녀의 생활 습관이 마음에 들지 않는다고 한탄할 일이 아니다.

그래서 나는 엄마들이 적당히 바빴으면 좋겠다. 전업맘이라면 취미를 만들거나 봉사활동을 다니는 식으로 본인의 시간을 가지고, 워킹 맘이라면 열심히 일하는 모습을 보여주는 걸로 충분하다. 부모와 자식 간이지만 우리는 하나의 개별적인 인격체로서 각자의 꿈을 향해 나아가는 인간이다. 내가 어른이기 때문에 자녀를 보살펴야 할 의무가 있고 자녀 역시 어릴 때는 도움을 필요로 할 수 있지만 성인이 된 이후에는 이야기가 달라진다.

엄마가 자신의 삶을 즐기는 모습만큼 좋은 교육이 없다. 엄마가 즐겁게 열심히 사는 모습을 보여주는 걸로도 충분하다. 한창 바쁘게 일하던 무렵 내가 집에 꽃다발을 들고 가면 아이들이 달려와 묻곤 했다.

아이 : 엄마 또 승급했어?
엄마 : 그럼! 승급했지.
아이 : 나도 성적 7등 올랐어!
엄마 : 정말? 최고다, 최고!

만약 내가 늦게까지 깨어 있거나 아이가 언제 잠드는지 확인하는 스타일이었다면 앞서 언급한 아들의 약소한 게임 중독은 분명 문제가 되었을 것이다. 나 역시 전업주부로 살았을 때는 외출 후 집에 돌아오면 곧장 텔레비전 화면에 손부터 갖다 대는 사람이었으니까. 아이들이 내가 없는 사이 텔레비전을 얼마나 봤는지 확인하려고 말이다. 분명 화면은 꺼져 있고 아이들은 책상 앞에 앉아 있지만 텔레비전에 가까이 손만 대어도 뜨끈뜨끈한 열기가 느껴지곤 했다.

물론 아이가 집에 돌아왔을 때 엄마가 따뜻하게 맞아주고 간식을 챙겨주는 게 아이에겐 정서적으로 좋을 수 있다. 그러나 그 이후 얼른 학원가라, 숙제해라 잔소리를 늘어놓는다면 아이 입장에선 좋았던 것도 싫어지게 마련이다. 비록 혼자 현관문을 열고 귀가하는 자녀가 조금 외로울 수는 있겠지만 집에서 온종일 나만의 시간을 자유롭게 사용하는 데 되레 즐거움을 느낄 수 있지 않을까?

모르는 게 약이지만 한편 알면 도움이 되는 게 있다. 바로 자녀의 의사. 대부분의 부모는 자녀에게 "너 OO 해야 해." 또는 "어떤 사람이 되어야 해."라고 강요할 뿐 자녀의 생각에는 무관심한 경우가 많다. 그러나 나처럼 아이의 선택과 자유를 존중하고 관심과 응원으로 이를 지지하는 부모가 많아진다면 비뚤어지는 아이들은 줄어들지 모른다. 어쩌면 우리나라 청년들의 미래가 조금은 밝아지지 않을까?

지금 좌절을 맛보는 당신에게

성공담과 성장담
통장 잔고 0에서 억대 연봉이 되기까지
주저앉아 울 시간이 없다
끊임없이 질문하라, 다른 누구도 아닌 나에게
나는 일하는 순간이 너무너무 즐겁다

3장
당신도 일어설 수 있다

성공담과 성장담

　체코의 극작가이자 정치인인 바츨라프 하벨은 이런 말을 했다.
　"사람의 진가가 발휘될 때는 원하는 역할을 할 때가 아니라 운명이 부여하는 역할을 능숙하게 해낼 때다. 그러기에 감당하기 어려운 운명이라도 기꺼이 감당하는 사람이어야 성공에 이를 수 있다."
　고통과 시련이 사람을 단단하게 만들기 때문일까. 어렵고 힘든 시기를 지나고 보니 여러 글귀가 머리가 아닌 가슴으로 이해될 때가 많았다. 바츨라프 하벨의 말도 마찬가지였다. 사람의 진가가 발휘된다는 말을 나는 이렇게 해석했다. '누군가 성숙하고 성장하여 마침내 성공에 한 발 가까워졌다.'고 말이다.
　우리 주변에는 성공 스토리가 참 많다. 성공 스토리는 책이나 영화, 드라마의 주요 소재로 쓰이곤 한다. 과거에는 떡잎부터 남다른, 비범한 사람의 인생 스토리가 귀감이 되고 사람들의 호응을 불러일으켰다. 그들의 이야기는 소위 성공 '신화'로 불렸다.

시대가 변하면서 성공의 의미가 달라지다 보니 요즘은 여러 분야에서 자신만의 길을 개척한 사람의 이야기나 개인의 어려움을 나름의 방법으로 극복한 이야기 등 다양한 의미의 성공 스토리가 등장하고 있다. 성공 신화와 달리 이런 이야기는 마치 일종의 '성장담' 같다.

나는 성공보다는 성장이라는 단어를 좋아한다. 누구나 성공하진 못해도 누구든 성장할 수는 있기 때문이다. 또한 사람은 죽는 날까지 성장하기 위해 노력해야 한다고 믿고 있다.

내가 생각하는 성공(成功)은 지식과 비슷한 면이 있다. 지식은 여러 사람에게 전달할 수 있다. 부자가 되는 방법, 승진하는 방법, 자녀를 교육하는 방법 등을 정리해 다른 사람에게 알려줄 수는 있다. 그러나 지혜는 조금 다른 이야기다. 앞선 지식에 경험이 보태져야 비로소 지혜가 생기고, 이때의 경험은 행동을 의미한다. 행동하면서 겪은 어려움이나 좌절, 이를 극복하는 또 다른 행동……. 이 모든 과정이 결국 성장(成長)이다.

사람들이 소설이나 드라마를 보는 이유도 누군가의 성

장이 궁금하기 때문이다. 나와 비슷한 처지의 누군가, 혹은 어쩐지 눈여겨보게 되고 마음이 쓰이는 누군가가 위기를 맞아 좌절하지만 결국 이를 극복해 나름의 스토리를 만들었을 때 우리는 감동한다. 성공은 감탄을 자아내지만 성장은 감동을 만들어낸다.

굴곡 없는 인생이 있을까? 사는 내내 쉽고 편한 길만 이어지는 사람이 존재할까? 결코 그렇지 않다. 녹록치 않은 삶이지만 다른 사람들에게 성장 스토리를 들려줄 수 있는 삶을 살았으면 좋겠다.

쉽고 편한 길에서는 스토리가 탄생하지 않는다. 가령 한밤중에 막차를 놓쳤을 때, 전화 한 통으로 누군가 곧장 데리러 온다면 스토리가 될까? 관객 입장에서는 김이 새고 맥이 빠질 터. 버스를 놓쳤지만 어떻게든 집에 가야 하는 상황, 인생이 바로 그런 상황과 다름없다고 생각한다. 걷다 보면 불 밝힌 집 한 채가 나올 수도 있고 우연히 지나가는 차를 세워 얻어 탈 수도 있다. 막차를 놓쳤다고 끝이 아니라 인생은 계속 이어진다. 어쩌면 바로 거기서 인생이 시작되는지도 모른다.

앞서 나는 몇 가지 키워드를 꼽으며 성공에 가까워지는 방법을 이야기했다. 지금부터는 행동에 관해 이야기할 차례다. 유일무이한 정윤숙의 성장담 말이다. 이 이야기가 당신에게 불 밝힌 유일한 집 한 채 또는 지나가는 자동차 한 대가 되어 당신의 성장담을 만드는 출발점이 된다면 더 바랄 게 없겠다.

통장 잔고 0에서 억대 연봉이 되기까지

내가 다녔던 공립 중학교는 체육복이 자유복이었다. 어느 날 한 여자애가 입고 온 체육복이 내 시선을 단박에 사로잡았다. 위아래 모두 눈부시게 예쁜 노란 색으로 마치 그 애 뒤편에서 후광이 비치는 듯했다. 체육사에서 맞춰 입을 수 있다는 이야기를 듣자마자 나는 아버지에게 달려갔다. 그리고 곧장 그 애의 체육복처럼 눈부시게 노란 체육복을 맞춰 입었다.

체육복뿐만이 아니었다. 코트는 양장점에서 맞춰 입고 구두도 꼭 발에 맞게 맞춰 신었다. 우리 집이 부유하고 풍족했기 때문은 아니었다. 나는 시골에서 나고 자랐으며 농사짓는 집 장녀였다. 집이 결코 부유하지 않았지만 부족함을 모르고 살았던 것은 아버지가 나를 몹시 예뻐하셨던 까닭이다.

대학 졸업을 하고 첫 직장에서 남편을 만났다. 남편은

내 사수였고 신입사원 교육을 담당해 금방 가까워졌다. 교제는 길지 않았고 어린 나이에 결혼을 했다. 서른에 다시 일을 시작하기 전까지 나는 지극히 평범한 전업주부였다. 아파트 주민들은 나를 '밝고 젊은 아기 엄마'라고 불렀다.

다시 일을 시작한 후 8년 동안은 꾸준히 학습지 회사를 다녔다. 일하는 게 재미있었다. 특히 승진하면서 내 장기를 찾게 되었고 주변의 인정은 큰 활력이 되었다. 내가 번 돈을 쓰는 재미 또한 쏠쏠했다. 누군가 내게 "그 옷 참 예쁘다."라고 말하면 "백화점에서 샀는데 지금 세일중이야. 20만 원 줬는데 마음에 들면 너도 사 입어."라고 말하는 사람이었다. 유년시절과 마찬가지로 부유하진 않았지만 어렵지도 않았다. 사실 그때까지는 크게 어려움을 모르고 살았다는 편이 맞겠다.

남편이 사업을 시작했을 때 내 나이 서른아홉. 중년을 목전에 두고 인생 최대 위기가 시작된 것이다.

최악의 상황에서 희망을 엿보다

오죽하면 인생에서 절대 하지 말아야 할 일로 보증과 투자를 꼽았을까. 그 두 가지를 한꺼번에 했으니 풍비박산은 예견된 수순이었는지도 모른다.

사건의 발단은 IMF. 남편이 일하는 연구소에서 인력을 감축하면서 연구실을 폐쇄하기로 결정했던 것이다. 어려운 시기였지만 연구원이었던 남편은 바로 그 이유로 사업을 시작했다. 2~3년 동안 남편이 벌어오는 수입은 거의 없었다. 내가 학습지 회사를 다니며 받는 월급으로 생활을 유지하는 수준이었다. 그래도 크게 걱정하진 않았다. 사업이 자리 잡는 데 따르는 당연한 어려움인 줄 알았다.

사업을 하다 보면 인맥이 늘고 인간관계가 폭넓어진다. 투자를 권하게 되고 또 덩달아 투자를 하게 된다. 이는 곧 보증과 연결되었다. 결국 사업이 망하자 앞서 말한 이유가 발목을 잡았다. 부채는 기본, 투자한 돈은 몽땅 날렸다. 보증 때문에 집은 압류가 됐다. 마치 언덕에서 축구공 크기의 눈덩이를 굴린 것 같았다. 눈덩이가 굴러 내려가는 동안 몸피가 불어나고 속도가 붙어 상황이 악화되는 격이었다. 밀린 돈을 독촉하는 곳이 너무 많았다. 나중에는 초인종 소리와 전화벨 소리에 신경쇠약이 걸릴 지경이었다. 나라고 왜 돈을 내고 싶지 않았겠는가. 수중에 돈 한 푼 없었다.

일단 살아야 했다. 보험을 해약했고 가족에게 돈을 빌려서 월세 방부터 구했다. 당시 내가 버는 월급으로는 상황을 도저히 감당할 수 없었던 터라 주변에선 부업을 권했다. 한 우물만 파는 성격인지라 처음에는 부업 제안을 거절했다. 그러다 이자라도 갚을까 싶어 수락한 일이 바로 멜라루카 코리아였다. 일머리를 챙길 수 있었던 덕분이었는지 나는 첫 달부터 목표한 금액을 벌었다. 당장은 숨통이 트였다. 마음은 늘 힘들었지만 아이들 교육비와 생활비를 마련할 수 있다는 게 다행이었다.

당시 나는 돈이 없어도 결코 인색하지 않았다. 쪼들리는 형편일지라도 나만의 확고한 지출 우선순위가 있었다. 부채를 갚는 일과 아이들 교육비가 먼저였고, 생활비와 사람들과 함께 하는 자리에서 사용하는 비용이 그 다음이었다. 다만 나를 위해 사용하는 돈은 극도로 아꼈다.

그래서인지 주변 사람들은 내가 그토록 곤란한 처지에 놓였다는 사실을 알아차리지 못했다. 그동안 사놓은 옷들이 제법 많았기에 늘 깔끔하고 단정하게 다닐 수가 있었다. 아침마다 멀끔하게 차려입고 출근하는 건 기본, 팀원들과 회식도 곧잘 했고 늘 웃는 얼굴로 사람들을 대했다.

그러다 한 번은 점심 때 약속이 있다는 핑계를 대고 서둘러 자리를 피해야 했던 적이 있었다. 팀원들과 점심을 먹으면 리더인 내가 계산을 하곤 했는데 그날은 마침 돈이 부족해 도저히 밥값을 계산할 수 없는 상황이었다. 돈이 부족하다는 말을 할 수도 없고 형편이 곤궁해졌다는 말을 하는 건 죽기보다 싫었다.

홀로 사무실을 나섰고 김밥 한 줄을 사서 지하철역으로 향했다. 물도 없이 김밥을 꾸역꾸역 목구멍으로 밀어 넣자 나도 모르게 눈물이 흘렀다. 마지막 남은 김밥 꽁지를 입에 욱여넣으며 나는 눈물을 닦았다. 거울에 옷매무새를 비춰보고 어깨를 폈다. 그리고 이 순간 또한 언젠가는 추억이 될지 모른다고, 긍정적으로 생각했다.

몇 달쯤 지났을까. 학습지 회사를 관두고 본격적으로 멜라루카 코리아에서 일하던 어느 날, 통장 정리를 하던 중 화들짝 놀랐다. 그날은 월급날이었지만 통장 잔고가 '0원'이었다. 당장 회사에 연락해 자초지종을 묻자 수화기 너머에서 월급이 몽땅 압류됐다는 대답이 돌아왔.

알아보니 나와 같은 경우 직장인이라면 6:4 정도로 빚을 상환하지만 내가 하는 일은 자영업자로 분류돼 100% 상환하는 구조였던 것이다. 눈앞이 캄캄해졌다. 그 전까지 충분히 바닥을 경험했다고 생각했다. 이보다 더 깊은 나락으로 떨어질 순 없다고 믿었지만 그게 아니었다. 나는 이를 악물고 울음을 삼켰다.

'그래, 이왕 갚아야 하는 거 빼가라!'

그러나 6개월쯤 지나자 결연했던 의지가 조금씩 희미해지고 지치기 시작했다. 몇 달치 월급을 고스란히 내주는 생활을 지속했지만 갚아야 빚의 고지는 너무도 까마득했다. 밑 빠진 독에 물을 붓는 이 행위가 언제 종지부를 찍을지 기한도 알 수 없었다. 한 마디로 희망이 없었다.

그동안 몸이 힘들거나 마음이 고통스러운 건 문제가 되지 않았다. 희망을 잃을 때 사람은 좌절하고 무너진다. 나는 결국 백기를 들었다. 회사에 사표를 냈던 것이다.

회사에서는 곧장 채권자에게 연락을 했고 정윤숙 씨가 사표를 냈다고 전했다. 당장 압류할 '돈 줄'이 사라지자 채권자 쪽에서는 월급을 압류하는 대신 한 달에 백만 원씩이라도 조금씩 갚아나가라는 식으로 말을 바꾸었다. '사람이 죽으란 법은 없다.'는 말을 이럴 때 사용하는 건 아니겠지만, 덕분에 나는 마음을 다잡고 다시 출근할 수 있었다. 이번에는 내 모든 걸 걸어보기로 했다.

멜라루카 코리아 본사를 방문했던 일이 큰 힘이 되었다. 글로벌 기업의 관리자들이 내게 "너는 잘할 수 있다."고 격려해주었고, 개인의 노력과 성과에 따라 몇 억씩도 벌 수 있다는 사실을 알게 되었다. 몇 억까지는 못 벌어도 다시 일어설 수 있는 발판이 되지 않을까, 나는 실낱같은 희망을 품었다.

'사람 앞에 나서는 걸 좋아하고 이야기하길 즐기니까 이 일이 적성에 잘 맞을 거야.'

한편으로는 끊임없이 자기믿음을 되새겼다.

미국 본사에서 받은 교육과 9년 동안 학습지 회사를 다니며 갈고 닦은 경험이 더해지자 점차 시너지 효과를 발휘하기 시작했다. 그리고 2년 만에 나는 억대 연봉을 달성했다.

'함께' 성장하는 회사생활

서른아홉에 시작된 비극은 3년 동안 쉬지 않고 나를 괴롭혔다. 남편의 사업이 망하는 걸 시작으로 연달아 어려움이 터졌다. 이혼도 바로 그 시기에 했다. 그러는 동안 물론 포기하고 싶었던 순간이 많았다. 평생 어려움을 모른 채 살았으므로 한꺼번에 닥친 비극은 결코 감당하기 쉬운 일이 아니었다. 남들보다 열 배, 아니 백배는 힘들었다. 자존심도 몹시 상했다.

그러나 나는 그때마다 목표를 세웠다. 세상에는 하루에 몇 백만 원씩 버는 사람도 있으니 나 역시 할 수 있다고 믿었다. 나만의 승급 플랜을 계획했고 하나씩 달성할 때마다 조금씩 목표를 상향 조정해 나갔다. 마치 게임을 하듯 더 높은 단계로 진입하기 위해 부지런히 움직였다.

그렇게 어려운 처지에도 아이들 교육만큼은 포기할 수

없었다. 딸의 대학 등록금을 대며 아들은 유학을 보낸 것. 두 아이의 학비만 해도 비용이 어마어마한 데다 갚아야 할 빚도 남은 상태였지만 나는 묵묵히 전진했다. 그러자 저 멀리 '억대 연봉'이라는 고지가 보였다.

그리고 마침내 목표 달성을 코앞에 두었을 때 또 한 번의 위기가 찾아왔다. 환율이 1,600원까지 치솟으며 강남의 부자들도 미국에 보낸 아이들을 다시 불러들이기 시작했다. 나 역시 고민하고 갈등했지만 결국 아들이 공부를 마칠 때까지 지원하기로 결심했다.

'억대 연봉'이라는 이 게임의 마지막 관문이 어디에 있고 또 어떻게 도달하는지 잘 알고 있었으므로 포기하지 않았다. 그 결과 나는 빚을 갚고 아이들 뒷바라지를 무사히 마쳤으며 업계에서도 제법 인정받는 사람이 되었다.

회사에는 조금 미안한 말이지만 내게 더 이상 승진이나 승급은 목표가 아니다. 회사생활에 나태해졌다는 의미가 아니라 절박하게 승급에 열을 올리던 때와 달리 마음에 여유가 생겼다는 말이다. 과거에는 눈앞에 닥친 상황을 돌파할 유일한 방법이 승급이었다. 빨리 승급하면 보너스를 많이 받아서 유학비와 부채 갚는 일에 최선을 다했다면 지금은 나무를 감상할 줄 알고 숲을 내다볼 여유가 생겼다. 유일한 목표가 있다면 성장(成長). 최고로 잘

나갈 때보다 매출이나 인원은 줄었지만 그런 수치에 내가 개의치 않는 이유다. 또한 승급은 개인의 목표에 불과하지만 성장은 팀원들과 함께 이룩하는 것이다. 사람들과의 '관계'는 발전한 내 인생의 키워드이며 현재 내가 더 우위에 두는 가치이기도 하다. 그러다 보니 요즘 또 꾸준히 성장하고 있기에 또 하나의 목표가 생겼다.

그동안은 시간을 100% 일하는 데 썼다면 지금부터는 80%만 일하고 나머지 20% 정도는 나를 위해 쓰고 싶다. 여행을 더 많이 가고 지금처럼 책도 쓰고 좋은 취미 생활도 즐기고 싶다. 단순한 희망사항이 아니라 이 회사에서는 실현 가능한 이야기이다. 지난 13년 동안 축적한 경험과 노하우가 있고, 효율적으로 일하는 방법을 터득했기 때문이다.

사람들은 목표를 달성하지 못하면 대개 계획을 다음으로 미루거나 포기하기 십상이지만, 나는 다른 사람들과 함께 목표를 달성할 수 있는 기반을 닦아 놓았다. 내가 일하는 시간을 20% 줄여도 이전과 같은 성과를 낼 수 있는 이유이자 나를 위해 20%의 시간을 쓸 수 있는 비결이다.

마치 2인3각 경기처럼 '팀플레이'를 하는 게 포인트다. 이를 테면 내가 목표한 매출을 달성하지 못하면 팀원이 그걸 뒷받침해주고 반대로 팀원이 목표를 달성하지 못할 때는 내가 그걸 대신해내는 식이다.

한편 나는 여러 강의와 교육으로 내가 걸어온 길을 후배와 팀원에게 가르쳐주었다. 그들이 각자 자신의 역량을 20%만 발휘해도 한데 모였을 때의 결과는 나 혼자 100%를 발휘할 때보다 더 큰 성과를 가져올 수 있다. 팀원들이 자신의 역량을 잘 발휘할 수 있도록 이끌어주는 게 내 역할이자 역량이며 새로운 과제가 되었다.

대부분은 회사와 직장인의 관계가 갑과 을의 위치인 경우가 많을 테지만, 내게 회사는 일종의 동반자와 같다. 힘든 시기를 지나는 동안 나와 함께했고, 그 과정에서 참 많은 걸 배웠고 또 성장했다. 앞으로는 팀원들과 함께 새로운 목표를 향해 성장하는, 제2막의 회사생활을 시작해보고 싶다.

주저앉아 울 시간이 없다

사람들은 대부분 위기가 닥쳤을 때 당장 상황이 어렵고 힘들기 때문에 일을 하지 못한다고 말한다. 눈앞에 닥친 어려움이 너무 막막하고 버거워 일단 드러눕고 본다는 것이다. 드라마에서 주인공이 어려움에 처하면 흰 띠로 머리를 싸매고 방바닥에 드러누워 끙끙 앓는 소리를 내는 것처럼 말이다.

그러나 나는 반대로 당장 상황이 어렵고 힘들기 때문에 일해야 한다고 생각하는 사람이다. 머릿속으로 수백 번 상황을 타개할 방법을 고민하고 앓는 소리를 내봐도 눈앞의 어려움은 여전하기 때문이다.

어려움을 해결하고 싶지 않다면, 더 나은 삶을 살고 싶지 않았다면 주저앉아 있어도 상관없다. 그러나 나는 그렇게 살기 싫었다. 평생 빚더미에 앉아 신세를 한탄하고 눈물로 인생을 허비하고 싶지 않았다. 더 정확하게는 그럴 시간이 없었다.

한창 힘든 시기를 보낼 때, 하루는 학교에서 귀가한 아이가 전깃불이 안 들어온다고 연락을 해왔다. 당시 우리는 투 룸 오피스텔에서 생활하고 있었다. 월세는 어떻게든 꼬박꼬박 냈지만 관리비가 연체되자 아예 전기를 차단했던 것이다.

집이 어두운 건 문제가 아니었다. 한여름이었고 냉동실에 든 식료품이 전부 녹아서 냉장고를 타고 물이 줄줄 흘러내렸다. 에어컨은커녕 선풍기조차 켤 수 없어 집안은 열기로 후끈후끈했다. 내가 돌아왔을 때는 말도 하지 못할 만큼 집안 꼴이 엉망이 된 후였다.

일을 마치고 집에 돌아오면 늘 곤죽이 되곤 했지만 눈앞에 닥친 상황을 보니 절로 무릎에 힘이 빠졌다. 가뜩이나 지치고 힘든데 시원한 물 한 잔 마실 수 없는 현실이 비참하고 참담했다. 그러나 일단 청소부터 해야 했다. 얼른 이 상황을 마무리하고 잠을 자야 다음날 출근할 수 있었으니까.

당시 나는 한 달 분량으로 스케줄을 빡빡하게 채워 움직이곤 했다. 매일매일 해야 할 일이 빼곡했으므로 주저앉아 상황을 한탄할 시간이 없었다. 주저앉아 한탄한다고 내일 내가 해야 할 일을 누가 대신 해주는 것도 아니고, 어디선가 요정이 나타나 집을 청소하고 전깃불을 작동시키지도 않을 테니까. 나는 마음을 다잡을 수밖에 없었다. 이를 지나치게 꽉 문 탓에 턱이 얼얼했지만 뜨거운 다짐을 내뱉었다.

"이 일은 다 지나간다."

이틀날은 다시 멀끔하게 차려 입고 출근을 했다. 간밤의 소란과 소동은 마치 한여름 밤의 꿈인 것처럼.

그때의 나는 일을 해야 하는 이유가 명확했다. 빚을 갚아야 했다. 아이들을 학교에 보내고 잘 키우고 싶었다. 그러려면 바쁘게 계획한 대로 움직일 수밖에 없었다. 슬럼프 따위는 허용되지 않았다. 설령 슬럼프가 오더라도 그게 슬럼프인지 인지할 시간조차 없었다.

계획적으로 움직여라

나는 어려움이 닥치면 정면으로 돌파하는 방법을 택했다. 주저앉아 울 시간도 없었지만 고민하고 걱정한다고 해결될 문제가 아니란 걸 잘 알고 있었기 때문이다. 어느 날 시간을 정해서 하루 종일 펑펑 운 적도 있었다.

내가 전 재산을 몽땅 잃고 빚더미에 앉은 이유는 다름 아닌 과거의 내 행동과 남편의 사업 때문이었다. 무리한 투자와 섣부른 보증 등 과거의 잘못으로 현재가 어려워졌으니 지금과는 전혀 다른 미래를 꿈꾸고 싶다면 현재를 바꿔야 했다. 다른 누가 대신해줄 수 없고 시간이 흐른다고 해결될 일도 아니었다. 그 사실을 염두에 두고 나는 계획을 세우기 시작했다.

단시간에 돈을 더 많이 벌려면 일을 체계적으로 할 수 있는 것부터 계획적으로 해야 했다. 그러나 시간은 누구에게나 하루 24시간으로 공평하다. 그래서 나는 남들보다 시간을 효율적으로 쓰고 더 바쁘게 움직이는 수밖에 없었다. 다른 사람들이 고객을 세 명 만날 때 나는 적어도 다섯 명까지 만나야 하는 것이다.

관리비와 마찬가지로 휴대폰도 요금을 내지 못하면 전화를 걸지 못하고 받는 것만 가능하다. 그런 적이 몇 번 있었다. 사람들을 만나는 게 내 일의 전부나 다름없는데 여간 난처한 일이 아니었다. 그래서 나는 지혜를 짜냈다.

나는 휴대폰에 연락처를 저장할 때 사람 이름 앞에 반드시 도시 이름을 함께 입력했다. 가령 부산에 사는 정윤숙이라면 '부산 정윤숙'으로 저장하는 식이다. 그리고 한 지역에 갈 때 미리 해당 도시에 속한 사람들을 검색해 봐서 전부 만나고 왔다. 주어진 시간은 한정돼 있지만 고객이든 동료든 사람을 배로 만나야 했으므로 한꺼번에 만나는 방법을 터득한 것이다. 가게에서 매출을 올리고자 손님을 많이 받으려면 테이블 수를 늘려야 하는 것처럼 나는 그렇게 전국을 돌며 강의를 하고 팀원들과 함께 움직였다.

이때 나만의 팁이 하나 있다. 꼭 일로 만나야 하는 사람이 아니어도 내가 좋아하는 사람, 보고 싶은 사람을 만날 자리를 반드시 마련해 개인적인 즐거움을 사수한 것이다. 덕분에 잦은 출장에도 스트레스 받지 않고 일과 인간관계라는 두 마리 토끼를 모두 잡을 수 있었다.

이동 순서 또한 허투루 짜지 않았다. 가령 업무 차 방문하는 도시가 대전, 인천, 부산, 대구라면 부산에서 대구, 대전으로 올라가는 식으로 효율적이고 시간이 적게 드는 동선(動線)을 고려했다. 그리고 훗날 시간이 지나고 이런 노하우를 동료들에게 알려주게 되었다.

나는 그러지 못했지만 여기에 한 가지 내용을 더 추가해서 말이다. 다름 아니라 휴식이 필요하다는 이야기.

휴식은 반드시 필요하다

내 경우에는 워낙 쉴 틈이 없었지만 너무 힘들 때는 쉬어야 한다. 이 세상에 밤이 있는 이유다. 너무 힘든 경우란 대개 반복해서 실패한 탓으로 지쳐버린 상태를 의미한다. 똑같은 실수를 반복하게 되거나 아무리 노력해도 안 될 때는 잠시 내려놓는 게 요령이다. 반복해서 실패한다는 것은 결국 방법이 잘못됐다는 말이기도 하니까.

그래서 코치가 필요하다. 나는 동료들에게 쉴 타이밍을 알려주는 역할도 한다. 이때는 책을 보거나 친구를 만나 수다를 떨고, 아예 일상을 벗어나 주위를 환기하는 것도 방법이다. 다만 멈춤과 쉼은 엄연히 다르다는 인식이 중요하다.

누구나 잘 알고 있는 토끼와 거북이 우화를 예로 들어 보자. 토끼는 거북이와 격차가 많이 벌어지자 마음 놓고 낮잠을 청했고 그 결과 경주에서 패했다. 만약 토끼가 거북이를 진심으로 이기고 싶었다면 최소한 알람은 맞춰놓고 잤어야 했다. 이때의 토끼는 휴식을 취한 게 아니라 경기를 멈춰버린 것이다.

쉰다는 것은 지금 하던 일을 안 하는 게 아니다. 마라톤 경기를 할 때와 마찬가지다. 심장이 터질 것처럼 뛰고 숨이 찰 때는 속도를 늦추고 천천히 숨고르기를 해야 절대 주저앉아 버리면 안 된다. 중간에 잠깐 쉬면 당장은 숨통이 트이겠지만 바로 그 이유로 완주가 불가능해지기 때문이다. 일어서고 싶어도 일어설 수 없는 상태가 되고 만다. 그래서 나는 잠시 쉬어 가되 그 일과의 연결고리를 끊어서는 안 된다고 말한다. 머릿속으로 끊임없이 생각을 정리하든 책을 읽거나 친구와의 대화에서 해결책을 모색하든 스스로에게 계속 질문해야 한다.

한편 토끼와 거북이 우화에서 또 다른 문제점을 짚어보자면 토끼의 목표가 오직 거북이를 이기는 것뿐이었다는 점이다. 만약 토끼의 목표가 완주와 기록 갱신에 있었다면 거북이를 앞질렀다고 마음 놓고 잠을 청하는 우를 범하지 않았을 것이다.

목표를 너무 낮게 잡는 건 목표라고 할 수 없다. 나는 늘 나의 한계와 턱걸이를 하듯 목표를 설정하곤 했다. 철봉에 목이 닿을락 말락 아슬아슬하게, 그러나 결코 닿지 않을 만큼 목표를 설정하는 게 습관이 되었다. 그런 과정이 반복되자 어느 순간 목표를 달성하는 즐거움을 알게 됐다.

또한 자신의 기량에 맞지 않을 정도로 얼토당토않은 허황된 목표 역시 금물이다. 너무 버겁지 않을 정도, 딱 그만큼의 목표가 적당하다.

목표를 세웠다면 시행착오가 따른다는 사실도 잊지 말아야 한다. 이를 테면 내 목표가 하루에 50만 원을 버는 것이라면 나는 이미 50만 원을 벌고 있는 사람을 찾아가 방법을 묻고 그의 말을 참고해야 한다. 이미 50만 원을 버는 사람은 그 방법에 통달한 전문가이므로 이제 막 시작한 나에게는 시행착오가 따를 수밖에 없다는 걸 인정해야 한다. 그래서 나는 지금 나를 본받고 싶어 하는 사람들에게 어느 순간 어떤 고비가 오는지 알려주고 격려해준다. 이미 내가 그걸 넘어봤기 때문에 미리 예방주사를 접종하는 것처럼.

눈앞에 닥친 어려움이 당장은 버겁고 힘들겠지만 그 시기를 지날 때마다 관문을 통과하는 재미가 있다. 그리고 그걸 즐기는 순간도 반드시 온다. 그러니 지금 좌절을 맛보는 당신, 딱 한 번 무릎에 힘을 주고 벌떡 일어서 보자.

끊임없이 질문하라, 다른 누구도 아닌 나에게

언젠가부터 나는 가슴 속에 'WHY'를 품고 살았다. 내가 왜 일을 하는지, 왜 열심히 살아야 하는지 묻고 또 물은 결과 '행복하기 위해서'라는 대답이 내 안에서 메아리쳤다. 그러면 과연 '행복은 무엇인지' 또 다른 질문이 이어지곤 했다.

내게 있어 첫 번째 행복이란 엄마이자 이 사회의 어른으로서 아이들의 든든한 버팀목이 되어주는 것이었다. 또한 행복이란 주변 사람들과 즐거움을 나누는 일이었다. 맛있는 밥 한 끼를 먹거나 가끔씩 교외에서 커피 타임을 갖는 일, 낯선 곳으로 훌쩍 여행을 떠나 아름다운 자연을 감상하는 일들이 내게는 모두 큰 즐거움이었다.

물론 즐거움을 만끽하려면 돈이 필요했다. 커피를 마시는 일만 해도 요즘은 커피 한 잔 값이 웬만한 밥값 못지않을 때가 많으니까. 그럼에도 불구하고 결코 돈이 전부는 아니었다. 내가 원하는 즐거움을 충족시키기 위해서는 반드시 그 돈을 값지게 쓸 수 있는 시간이 수반되어야 했기 때문이다. 비싼 차를 몰고 다니며 호텔에서 일류 요리사의 음식을 맛볼 수 있다 해도 정작 그 순간을 즐길 만한 시간적 여유가 없다면 내게 돈은 무용지물이나 마찬가지였다.

행복을 위한 필요조건임에도 불구하고 돈은 그 자체만으로는 부실한 수단이었다. 이는 곧 내가 열심히 일할 수 있었던 이유와 연결된다.

내 가슴 속 물음표 하나

누구나 돈을 벌려면 일을 해야 한다. 생계를 유지하기 위한 돈이든 당장 원하는 걸 갖기 위한 돈이든, 일을 해서 그 돈을 마련해야 하는 건 누구에게나 공평한 사실이다.

그러나 일을 하다 보면 애초의 목표는 희미해지고 일하는 행위만 남기 십상이다. 분명 생계를 위해, 갖고 싶은 물건을 사고자, 하고 싶은 또 다른 일을 위해 일을 하고 있지만 어느 순간 '내가 왜 이 일을 이렇게까지 해야 하는지' 회의감에 젖는 때가 오고야 만다. 일이 단순한 '밥벌이'로 전락해버린 까닭이다.

앞서 나는 올바른 목표를 설정하는 게 중요하다는 이야

기를 했다. 올바른 목표가 인간을 성장하게 만들기 때문이지만 이와 더불어 중요한 또 다른 이유가 있다. 인생에서 중요한 고차원적인 목표를 설정해놓으면 지금 내가 하는 일을 목표에 도달하기 위한 디딤돌로 여길 수 있게 된다. 일을 함으로써 목표를 이룰 수 있으니 일 자체가 행복이 되는 셈이다.

나는 단시간에 많은 돈을 벌어야 했고 그러기 위해 노력했지만 다니기 싫은 회사에서 하기 싫은 일을 억지로 한 적은 없었다. 승급 자체에 목을 매지 않았고 돈 버는 데 혈안이 되어 시야가 가로막힌 적도 없었다. 물론 일하는 과정이 마냥 '꽃길'은 아니었지만 일을 해야 하는 이유가 분명했으므로 쉽게 나가떨어지지 않았고 일을 할 수 있다는 사실에 감사하는 마음을 잊지 않았다.

상위목표가 설정돼 있으면 이처럼 일을 하면서 어려움이 생길 때도 이겨낼 수 있다. 대학이나 직장 자체가 결코 목표가 되어서는 안 되는 이유가 바로 이 때문이다. 대학이나 직장이 목표가 되면 내가 목표로 했던 곳보다 더 좋은 대학, 더 좋은 직장에 다니는 사람과 끊임없이 비교를 할 수밖에 없다. 내가 왜 공부를 해야 하고 대학에 진학하는지 확실한 'WHY'를 품어야 한다. 그 이유를 누구보다 <u>스스로</u> 잘 알고 있어야 한다.

내면에 확실한 'WHY'가 있는 사람들은 인생의 순간순간을 즐길 수 있다. 매 순간이 목표를 향해 내딛는 의미 있는 발걸음이 될 테니까. 경쟁상대도 없고 비교대상도 없다. 사회가 그런 사람들로 가득하다면 팍팍한 우리 현실이 조금은 나아지지 않을까 희망을 품어본다.

과거를 후회하지 않는 방법

내면에 'WHY'를 품고 끊임없이 물음표를 던지는 건 중요하다. 그렇다면 '만약에'라는 질문은 어떨까? 살면서 '만약에'라는 물음표를 갖다 붙일 때가 많다. "만약에 시간을 되돌릴 수 있다면 언제로 돌아가고 싶니?" 같은 질문 말이다.

이런 생각을 자주 한다. 만약에 나에게 수험생 시절이 다시 온다면 한 번쯤은 미친 듯이 공부하고 싶다는 생각. 내가 원하고 지원하는 대학에 설령 떨어지더라도 학생으로서 최선을 다해보고 싶다.

고3일 때의 나에게는 'WHY'가 없었다. 공부를 열심히 하지 않기도 했지만 어느 대학에 진학해 어떤 전공을 공부하고 싶은지 명확한 이유가 없었다. 그래서 제대로 된 도전조차 해보지 못한 게 큰 아쉬움으로 남았다.

사람이라면 누구나 원대한 꿈을 꾼다. 가난한 자는 넓은 집에 살고 싶고, 공부를 못 할지라도 좋은 대학에 가고 싶으며, 실력이 좀 부족해도 알아주는 직장에 다니고 싶은 건 인간의 기본적인 욕망이다.

내가 고등학교를 다니던 그 시절만 해도 어느 대학에 진학하느냐에 따라 취직하는 직장이 일종의 코스처럼 정해져 있었다. 내가 최선을 다해 수험생 시절을 보냈다면 더 넓은 세계에서 내 기량을 발휘하고 성장했을지도 모를 일이다.

그렇다면 수험생 시절로 되돌아가고 싶은 생각은 내가 과거를 후회하거나 현재에 불만을 갖고 있다는 의미일까? '만약에'라는 질문은 현재를 자책하고 과거를 그리워하는 부정적인 단어일 뿐일까? 나는 '만약에'라는 질문을 다른 방식으로 내 삶에 대입해 보았다. 되레 긍정적인 단어로 말이다.

최선을 다해 도전하는 일이 비단 수험생 시절에만 해당될까? 그렇지 않다. 다시 고3이 되고 싶은 마음을 지금 내가 살고 있는 현실에 대입하면 된다. 놀 때는 화끈하게 놀고(열심히 노는 게 아니라 화끈하게 놀아야 한다), 일할 때는 최선을 다하고(화끈하게 일하는 게 아니라 최선을 다해 일해야 한다) 즐길 때는 마음껏 즐겨야 한다(최선을 다해 즐기는 게 아니라 온 마음을 다해 마음껏 즐겨야 한다).

가장 바보 같은 행동이 여행 가서 집 걱정 하는 일인 것처럼 순간순간을 재밌게 사는 것만큼 중요한 가치도 없다는 게 내 지론이다. 그런 점에서 '만약에~ 한다면' 이라는 질문이 인생을 사는 데 도움이 될 때도 있다. 아마 10년 뒤에는 지금 이 순간이 부러워질 거다.

내가 40대 초반일 무렵, 50대의 누군가가 내게 그 나이라서 부럽다고 이야기한 적이 있다. 당시 나는 도무지 이해가 되지 않았다. 내가 돌아가고 싶은 나이는 열아홉, 또는 스물 셋이었기 때문에 더 어린 나이를 두고 40대 초반을 부러워하는 마음이 와 닿지 않았다.

그러나 여러 어려움을 겪으며 시간을 보내고 나니 그때 그 질문이 가슴으로 이해가 되었다. 그리하여 나는 새로운 명제를 가슴 속에 새겼다. 바로 '지금을 꿈꾸라!'는 것.

지금 나는 열아홉, 스물 셋이 아닌 현재 내 나이를 꿈꾸며 살고 있다. 지금 이 나이에 할 수 있는 일들을 꿈꾸면 인지하지 못한 무한한 가능성이 눈앞에 펼쳐진다. 그 가능성을 하나씩 이뤄가다 보면 10년 뒤에는 절대 과거를 후회하지 않을 것이다.

지금 내가 현재와는 다른 무엇을 꿈꾼다면 계획 또한 달라져야 한다. 주변에서 "내가 지금 과거로 돌아간다면 이 사람과 절대 결혼하지 않을 텐데…"라는 말을 많이 한다. 그러나 과거로 돌아갔을 때 '이 사람'이 아닌 다른 사람이 나를 선택할 거라고 확신할 수 있을까? 비슷한 환경이기 때문에 만날 수 있었던 거다. 내가 바로 그 자리에 있었기 때문에. 그러니 다른 사람을 만나고 싶다면 내가 먼저 지금과는 다른 사람이 되어야 하는 것이다.

나 역시 살면서 후회하는 일들이 몇 가지 있었지만 결국에는 내 선택이었음을 인정했다. 누가 강요할 수는 있어도 선택을 내린 건 내 의지였다. 태어나 보니 부모님의 자식이었고, 불러주는 회사에서 일하며 나 좋다는 사람과 결혼했지만 이제는 무엇이든 내가 선택할 수 있는 나이가 되었다. 이만큼 경험했으면 앞으로는 내 선택에 책임을 지는 건 기본, 후회도 하면 안 된다고 생각한다.

나는 일하는 순간이 너무너무 즐겁다

여러 사람들을 만나고 이야기하면서 자신이 하는 일에 자부심을 가진 사람이 생각보다 많지 않다는 걸 알게 되었다. "무슨 일 하세요?"라고 질문했을 때 "OO회사 다녀요."라고 말하거나 "선생님이에요.", "카피라이터예요."라고 대답하는 사람이 대부분이다. 회사명이나 직업이 하고 있는 일을 설명하기도 하지만 자신이 하는 일의 가치를 알고 그 일에 자존감을 갖고 있다면 아마 다른 대답을 내놓았을지도 모르겠다.

나는 멜라루카 코리아에서 일하는 정윤숙이지만 이것으로 내가 하는 일을 설명하기란 쉽지 않다. 사내 강사라고 나를 소개할 수도 있지만, 그보다 누군가에게 영향력을 주는 사람이라는 수식을 더 좋아한다.

나는 다른 사람들이 배우고자 하는 지식에 내 경험과 지혜를 보태는 일을 하고 있다. 그 경험과 지혜를 사람들에게 잘 전달하는 일을 하고 있다. 사람들은 대개 새로운 일을 시작할 때 두려워하게 마련인데 그 두려움을 앞서 경험한 선배이자, 길잡이 역할을 하는 멘토로서 트레이닝과 지역별 교육을 담당하고 있다.

물론 이 모든 설명을 강사라는 단어로 압축할 순 있지만 나는 내가 하는 일에 자부심을 갖고 그 가치를 잘 알기 때문에 처음 보는 사람이 내게 "무슨 일 하세요?"라고 질문하더라도 이처럼 자연스럽게 대답할 수 있다.

진심을 담다, 진심이 닿다

나는 회사에서 강단에 PPT 화면을 띄워놓지 않고 강의하는 사람으로 유명하다. 내 강의가 청중과 장소에 따라 달라지는 까닭이다. 마치 옷을 입을 때 TPO, 즉 시간과 장소와 상황을 고려해 차림새를 달리하는 것처럼.

지역별 교육의 일환으로 서울, 인천, 대전, 대구, 부산 총 5개 도시를 돌며 강의한 적이 있었다. 그때 나는 지역마다 완전히 다른 강의를 선보였다. 서울에선 청중을 웃겼지만 대전에서는 강연장을 눈물바다로 만들었다. 대구에서 내 인생 스토리를 풀고 부산에서는 동기 부여가 확실한 강의를 선보인 식이었다.

나는 본격적으로 강의를 시작하기에 앞서 여러 요소를 고려한다. 그날의 날씨나 청중의 규모, 그들이 자아내는 분위기 등이 변수가 되기 때문이다. 가령 현재 좌절을 맛보며 이를 돌파할 힘이 필요한 사람들에게 단순 지식을 전달하는 건 큰 의미가 없다. 그럴 땐 내가 어려웠던 시절을 이야기하며 그들과 공감대를 형성하고 내가 정면 돌파한 방법을 예로 들어 힘을 주는 게 마땅하다.

반면 어느 정도 궤도에 올라 자신만의 입지를 다지고 있는 사람들 앞이라면 그에 상응하는 알짜배기 팁과 노하우를 전수하는 게 나의 요령이다.

그래서 나는 강사라면 준비한 원고를 읽어나가는 식의 강의는 지양하는 게 좋다고 생각하는 편이다. 때로는 교육생을 집중시키기 위해 발표 자료가 필요하지만 눈앞에 앉아 있는 사람들에게 맞는 이야기를 해주는 게 우선이다. 강의란 준비한 원고와 달리 전혀 예상치 못한 청중을 만날 수도 있고, 그럼에도 불구하고 그들에게 맞는 내용을 전달해야 하는 일이므로.

어느 직업이나 마찬가지겠지만 강사는 여러 분야를 끊임없이 공부해야 한다. 그러나 청중들을 잘 안다면 PPT를 준비해서 가치 전달이나 의미 부여를 하는 강의는 반드시 필요하다고 생각한다. 지식뿐 아니라 관심사 또한 폭넓어야 한다. 강의를 듣는 대상이 다양하기 때문에 청중이 듣고자 하는 이야기를 적절하게 잘 전달할 수 있는 스킬을 갖추기 위해서다.

수강생이 꾸벅꾸벅 졸고 있으면 사람들을 웃겨 졸음을 달아나게 할 줄 알아야 하고 방향을 전환해서 집중시키는 요령도 필요하다. 아무리 좋은 이야기도 청중이 제대로 들어주지 않으면 소용없지 않은가.

나는 원체 말하는 걸 좋아하고 강의하는 걸 즐겨서 그동안 강의하면서 당황해본 적이 거의 없다. 예를 들어 나를 포함해 열 명의 강사가 강의를 한다고 가정할 때 행사 시간을 앞두고 USB가 없어지면 여덟 명은 당황하고 말 터이다. 그러나 나는 전혀 당황하지 않는다. 그 시간을 즐기면 된다고 생각하기 때문이다. 게다가 이미 강의의 흐름을 머릿속에 꿰고 있는 터라 날씨 이야기나 최근의 화젯거리로 이야기의 물꼬를 튼 다음 본격적인 강의를 시작하면 된다.

어느 시점에 질문을 던지고 호응을 이끌어낼지도 역시 이미 머릿속에 다 구상해 놓은 상태이기 때문에 어떤 자리에서든, 청중이 적든 많든 상황에 맞는 강의를 해낼 수 있었다. 수백 명, 아니 천 명의 청중 앞에서도 강의했고 물 한 모금 마시지 않고 네 시간 연달아 강의를 해본 적도 있다.

내가 하는 강의를 들으면 당장 자리를 박차고 뛰어나가고 싶어진다는 이야기를 많이 들었다. 마음을 울리는 내용이 많아서 덩달아 행동하고 싶어진다는 그들의 말에 그보다 기분 좋고 귀한 칭찬은 없다고 감사를 표하곤 한다.

강의할 때 내가 늘 염두에 두는 부분이 있다. 바로 표리부동하지 말자는 것. 많은 강사들이 "이렇게 하세요." 또는 "이렇게 사세요."라는 식의 주입식 강의를 많이 하지만 나는 내 경험을 이야기하는 식으로 강의를 진행한다. 당장 할 수 없는 일을 조언하지 않으며 실천할 수 있는 있는 일만 이야기한다. 십 수 년 간 강의를 하며 한 결 같이 지켜온 철칙이다. 사람들이 내 강의에 감동하고 내가 하는 말에서 희망을 발견하고 동기부여를 받을 수 있는 건 바로 그 때문이 아니었을까.

하기 싫은 일 세 번 참기

학습지 회사를 다닐 때부터 나는 사내 강사였다. 아침마다 직원들을 불러 모아 교육을 하고 어머니들 세미나를 담당했다. 멜라루카 코리아에서는 내 그룹이 생겼고 매주 팀원들을 대상으로 강의를 했다. 그러다 어느 순간, 나도 모르는 사이 강사가 내 꿈이 되어 버렸다. 비록 돈을 벌기 위해 시작한 일이었지만 일은 숨겨진 내 '끼'를 발견하는 계기가 되었고 마침내 꿈이 되었다.

그래서였을까. 나는 내가 하는 일이 너무너무 즐겁다. 좋아하는 일로 돈을 벌 수 있는 데다 내가 가진 장기가 성과를 발휘하는 데 도움이 되니 천직을 찾은, 제법 운이 좋은 케이스라고 말할 수도 있겠다. 자신이 원하는 분야에서 즐겁게 일하는 사람이 많지 않은 사회니까.

그러나 강사가 내 꿈이 되기까지 분명 많은 어려움이 있었다. 묵묵하게 내 길을 평범하게 걸어온 결과, 여러 경험이 쌓였고 그게 곧 나만의 이력이자 경력이 되었다. 내면에는 확고한 'WHY'가 있었으므로 여러 고비가 찾아왔을 때 견디고 이겨낼 수 있었다.

그동안 살아온 시간을 되짚어 보니 부가 쌓이고 일을 즐기는 시기는 누군가를 가르칠 수 있는 수준이 갖춰졌을 때 자연스레 뒤따라오는 것 같다. 그러니 그때까지 최선을 다하면 된다.

그렇다면 최선이란 무엇인지 질문을 하지 않을 수 없다. 어느 정도로 열심히 얼마만큼 해야 하는지 감이 잡히지 않는 사람이 분명 있을 터. 사전적인 의미의 최선은 '가장 좋고 훌륭함' 또는 '온 정성과 힘'을 뜻하지만 이 역시 사람마다 기준이 다를 게 분명하다.

내 경우에는 하기 싫은 것을 세 번 하는 일이 바로 최선을 다하는 것이다. 정말 하기 싫은 것을 꾹 참고 세 번 이상 했을 때 그 결과는 좋을 수밖에 없다.

지금까지는 강사가 내 꿈이었고 그 꿈을 이루었지만 10년 뒤에는 꿈이 업그레이드되거나 또는 방향이 달라질 수 있다. 꿈은 늘 진행형이므로 꿈을 이루면 또 다른 꿈으로 발전할 가능성이 크다. 앞으로는 사내 강사나 외부 강의가 아닌 자발적 의지로 여러 사람들에게 이야기를 전할 수 있는 기회가 생기면 좋겠다는 바람을 가진 것처럼.

또 지금까지는 누군가를 가르치는 삶이었지만 10년 뒤에는 내가 배우는 입장이 될 수도 있다. 내가 말을 하며 가르치기보다 다른 사람의 이야기를 더 많이 듣고 그로 인해 깨달음을 얻는 삶. 그런 식으로 내 인생이 바뀔 수도 있지 않을까?

지금 사랑하지 않는 자, 모두 유죄

칭찬과 무대 체질
세상에서 가장 맛있는 감자
남다른 '회복 탄력성'의 비밀
열린 마음은 기본, 감사와 팔로워십은 필수
고래 싸움에 새우등 터지지 않는다
사랑에는 유통기한이 있다

4장
나를 만든 사람, 나를 만든 사랑

칭찬과 무대 체질

한 사람의 정체성을 형성하는 데 가장 중요한 요소 중 하나로 부모와의 관계를 꼽는다. 부모는 유년기뿐 아니라 성인이 된 이후에도 내적 부모상으로 남아 지대한 영향을 미친다고 한다. 돌이켜 보면 오늘날의 내가 이 자리에 이를 수 있었던 것도 부모님의 영향이 컸다.

외할아버지가 돌아가셨을 때 내 나이가 예닐곱 살이었던 걸로 기억한다. 과거에는 요즘처럼 상조 문화가 발달하지 않았고 시골에서는 대부분 집에서 장례를 치렀다. 상을 치르고 다함께 장지까지 이동하던 중 이모와 외삼촌들이 돌연 내게 노래를 시켰다.

"윤숙아, 네가 상여 앞에서 노래 좀 불러봐라."

고작 예닐곱 살 된 아이가 죽음을 알까. 슬픔이 어떤 감정인지도 정확히 몰랐을 터였다. 그러나 나는 어른들이 시키니까 노래를 불렀고, 딴에는 분위기를 살펴 선곡을 했던 것 같다. 상중이었고 어른들은 슬픔에 잠겨 있었지만 내가 노래를 마쳤을 때는 모두가 한 목소리로 나를 칭찬해주었다.

"잘했다, 잘했어!"

"윤숙이 노래 정말 잘한다."

대부분의 사람들은 평상시에 잘하다가도 막상 멍석을 깔아주면 실력 발휘를 하지 못하게 마련이지만 나는 정반대였다. 수줍음이 많은 편이었는데도 멍석을 깔아주면 의외로 잘하는 스타일이었다. 일명 무대 체질.

그렇다면 무대 체질이 타고난 '끼'였을까? 나를 무대 체질로 만든 건 다름 아닌 부모님의 칭찬이었다. 앞선 일화처럼 어려서부터 사람들 앞에 나설 일이 많았고 그때마다 부모님은 앞장서서 나를 칭찬해주셨다. 듣는 내가 민망할 정도로, 입에 침이 마르도록 말이다. 그런 경험이 반복되면서 오늘날의 정윤숙이 만들어졌다.

나는 마이크를 쥐어주면, 아니 마이크 없이도 내 이야기를 듣고 싶어 하는 청중만 있다면 5분이든 다섯 시간이든 강의할 수 있다. 내게 주어지는 기회를 결코 놓치는 법이 없다. 설령 준비가 되어 있지 않은 경우일지라도. 준비가 안 되어 있으면 미흡할 순 있겠지만 내 사전에 "다음에 할게요." 또는 "지금은 못 해요."라는 말은 없다.

내가 본격적으로 일하기 시작했을 때 사회 경험이 많은 편은 아니었다. 대학을 졸업하자마자 입사한 회사에서 남편을 만나 곧장 결혼하고 또 아이들을 키우는 데 시간을 쏟았으니. 그러나 결코 적지 않은 나이와 주부라는 타이틀을 갖고 있음에도 불구하고 다시 사회에 나왔을 때 나는 주눅 들지 않았다. 되레 당당했다. 사회가 내게 또 다른 멍석을 깔아준 셈이었고 어릴 때 받은 칭찬이 나를 꼿꼿하게 지탱해주었기 때문이다.

그래서였을까. 많은 사람들이 내게 "성공할 것 같다.", "일을 참 잘할 것 같다."는 말을 건네곤 했다. 어느 자리에서든 주뼛대지 않고 당당하게 행동하는 모습은 주변에서 부러워하는 점이기도 하다.

부모님은 내게 결코 돈으로 살 수 없는 큰 자산을 선물해주셨다. 그리고 칭찬은 내가 받은 사랑이었다. 칭찬이 나를 더 좋은 사람이 되게끔 이끌어주었기에 나는 내 자녀들도 칭찬을 듬뿍 주며 키웠다. 나중에 내 자녀들도 아이를 낳아 기를 때 나와 같은 마음을 가지길 바라면서.

지금부터는 유년 시절의 정윤숙을 불러올 예정이다. 부모님께 받은 칭찬이 내게 어떤 토대가 되었는지 이야기하면서 사랑을 논할 것이다. 인생을 한 단어로 함축하라고 할 때 나는 망설임 없이 '사랑'을 택할 테고, 이 키워드는 내 인생에서 빼놓을 수 없는 단어이므로. <지금 사랑하지 않는 자, 모두 유죄>라는 노희경 작가의 말을 빌려 이 이야기를 시작한다.

세상에서 가장 맛있는 감자

어릴 때 내 기억 속에 '나는 참 귀한 존재구나.'라는 생각이 있었다.

내 고향은 경상북도 영주다. 경상도 사람들은 무뚝뚝하다는 말이 있을 만큼 지역 사람들은 감정 표현에 인색했고 말투가 거칠었다. 게다가 내가 유년을 보냈을 당시는 풍족한 시절이 아니었다. 먹을 것뿐 아니라 지금처럼 놀잇감이나 책이 많은 것도 아니었다. 시골에는 가난한 집이 많아서 아무리 공부를 잘해도 중·고등학교와 대학 보내는 걸 남녀 구분해서 교육시키던 시절이었다. 부잣집이라고 예외는 없었다. '나는 참 귀하다.'라는 생각을 할 만한 여건이 결코 아니었지만 나는 늘 그런 생각을 품고 자랐다.

"아이고 예쁘다!"

"너는 왜 이렇게 예쁘니?"

"참말로 잘한다!"

동네 어르신이나 이웃 사람들이 자녀를 칭찬할 때, 대부분의 부모는 그게 예의상 하는 말이라는 것을 알기에 손사래를 친다.

"예쁘긴 뭐가 예뻐요."

"이 정도는 다 하는 걸요."

부끄러움에 부러 과장된 반응을 보이기 일쑤. 그러나 우리 부모님은 덩달아 나를 칭찬하셨다. "그렇죠?", "정말 예쁘죠?" 하고 말이다.

'예쁘다.'와 '잘한다.'는 말을 자라는 동안 줄기차게 들었다. 혹시 내가 빼어나게 예쁘거나 칭찬받을 만한 일을 특별히 많이 했기 때문일까? 전혀 그렇지 않다. 공부를 잘하는 편이 아닌 데다 뛰어난 특기가 있었던 것도 아니었다. 그러나 부모님은 내가 아주 사소한 일이라도 혼자 힘으로 해내면 '예쁘다.'고, '참 잘했다.'고 동네방네 떠들썩하게 소문을 내곤 했다. 하루하루가 자랑거리로 넘쳐나던 시절이었다.

요즘 엄마들은 자녀가 시험에서 백점을 맞거나 상을 받았을 때나 자랑할 만한 게 있다고 생각하지만 우리 부모님은 성적이나 학업과는 상관없이 나를 자랑스러워했고 나는 누구보다 그 마음을 잘 알고 있었다. 부모님의 그런 사랑이 참 감사했다.

나를 키운 건 8할이 칭찬

초등학교에 다니던 때, 또래 친구들은 대부분 들이나 밭에서 부모님 일손을 돕곤 했다. 하교하면 바닥에 가방을 내려놓기 무섭게 곧장 들이나 밭으로 뛰어나갔다. 그러나 아버지는 내게 일을 시키시지 않았다. 친구들처럼 부모님을 돕고 싶은데, 부모님을 기쁘게 해드리고 싶은데 그 방법이 여의치 않아 고민하던 무렵이었다.

하루는 바닥에 놓인 감자가 눈에 들어왔다. 나는 밭에 나간 아버지를 위해 감자를 삶아 보기로 했다. 어머니가 감자 삶는 모습을 어깨 너머로 여러 번 보았던 덕에 금방 방법을 기억해낼 수 있었다.

먼저 숟가락으로 감자 껍질을 박박 긁었다. 냄비에 물을 붓고 사카린과 소금을 적당량 넣었다. 마지막으로 껍질 벗긴 감자를 넣고 냄비를 불에 올렸다. 나는 내친김에 국수도 삶아보기로 했다. 국수를 삶을 때는 물이 파르르 끓을 때 면을 넣고 찬물을 조금씩 부어가며 저어야 물이 끓어 넘치는 걸 막을 수 있었다.

마침내 완성한 찐 감자와 국수를 차려 놓고 아버지를

기다리는 동안 누가 내 가슴속에서 몽글몽글 비눗방울을 불어대는 것 같았다. 밭에서 돌아온 아버지는 내가 쪄놓은 감자를 드시고는 말씀하셨다.

"이렇게 맛있는 감자는 처음이다!"

그리고 지나가는 사람들에게 큰 목소리로 자랑했다.

"우리 딸이 감자를 삶아놨지 뭡니까! 이렇게 맛있는 감자는 처음이에요. 아, 정말이에요. 드셔 보세요."

그때 아버지의 말을 듣고 가장 먼저 한 생각은 '또 해야겠다.'였다. 칭찬은 고래도 춤추게 한다는 걸 아마 그때 처음 배웠던 것 같다. 그 이후로 나는 틈만 나면 감자를 삶았다. 어쩌다 내가 빨래라도 해놓은 날이면 어머니는 "이 어린애가 우리 집 빨래를 다한다."고 입이 마르도록 칭찬을 하셨다.

부모님의 그런 말씀이 참 듣기 좋았다. 내가 부모님에게 도움이 되었고 누가 가르쳐 주지 않았는데도 제법 그 일을 잘해낸 것이 뿌듯했다. 어깨 너머로 배웠든 말로 배웠든 해보지 않으면 배울 수 없다. 해봐야 안다. 행동할 때 그 맛을 알 수 있다.

이런 일도 있었다. 아버지가 동네에서 술을 드시느라 귀가가 늦어지면 어머니가 '아버지 모시고 오라.'고 나를 그 자리로 보내곤 하셨다. 아버지를 찾으러 가면 아버지는 나를 옆에 세워두고 쩌렁쩌렁한 목소리로 외치셨나.

"아이고, 우리 딸 왔네!"

"여기가 우리 딸이다."

"이렇게 예쁜 딸 봤나?"

"우리 딸은 정말 예쁘고 대단하다."

"나중에 장관에게 시집 갈 것 같다."

나를 반기는 아버지의 '5단 콤보' 칭찬이었다. 귀에 못이 박이도록 그런 말을 들은 덕에 내가 정말 예쁜 줄 알았고 장관에게 시집가는 줄 알았다. 내가 대단하고 그리하여 잘 될 거라는 어른들의 그 말을 철썩 같이 믿었던 것이다. 실제로 그때 받은 무수한 칭찬이 나를 긍정적으로 만들었고 자존감을 높여주었으며 성격을 원만하게 만들어주었으니 결과적으로는 '잘 된' 셈이다.

그러나 그 칭찬들은 아쉽게도 내가 꿈을 위해 무엇을 어떻게 해야 하는지 가르쳐 주지는 않았다. 그 시절에는 대부분의 부모가 내 부모님과 비슷했고 꿈을 갖는 일, 내면에 'WHY'를 품고 사는 일이 중요한 줄 모르던 시대이기도 했으니까.

부모님뿐 아니라 친척들도 늘 나를 치켜세웠다. 특히 '예쁘다'는 말은 단순히 외모를 칭찬하는 게 아니라 전반적인 행동을 가리켰고 그런 칭찬을 받기 위해서라도 나는 더 '예쁜' 행동만 하고 싶었다. 과거에는 어른들 말씀을 잘 듣고 손님이 왔을 때 예의바르게 행동하는 것만으로도 할머니, 할아버지께 칭찬과 사랑을 듬뿍 받을 수 있었다. 나는 그런 행동을 골라하며 마치 간식을 찾아 먹듯 칭찬을 내 안에 주워 담았다.

내 인생 최대 무기는 성격

나를 처음 보는 사람들이 공통적으로 하는 말이 있다. 나와 한두 시간 정도 대화를 나누면 의외라는 듯 이렇게 말한다.

"이처럼 털털한 성격인 줄 전혀 몰랐네요."

SNS에서 본 내 사진과 첫 인상이 전형적인 '서울깍쟁이'라는 게 사람들의 공통된 평가다. 그러나 깐깐하고 까탈스러워 보이는 이미지와 달리 털털한 성격이 반전 매력이자 큰 장점이라고 입을 모아 칭찬한다.

내가 생각하기에도 나는 깍쟁이는커녕 '덜렁이'가 어울릴 만큼 수더분하고 허술한 면이 많다. 강연장에서 대놓고 나를 덜렁이라고 소개한 적도 있을 정도다.

"혹시 주변에서 휴대폰 떨어진 거 발견하면 제 거니까 갖다 주세요."

덜렁대는 내 성격을 웃음으로 승화시킨 나만의 방법이다.

사람들을 만날 때는 '밥 잘 사주는 예쁜 누나' 못지않게 살갑다. 일을 추진할 때는 거침없고 한 번 뱉은 말을 곧장 실천하는 덕에 '행동대장'이라는 별명도 있다.

무엇보다 자신감이 넘친다. 어느 자리에서든 "내가 해 볼게."라고 당당하게 말한다. 호기심이 왕성하고 관심사가 다양한 편이라 내가 접한 정보나 좋은 이야기를 주변과 공유하고 싶을 때가 많은데, 그럴 때면 꼭 숫자나 단어 하나씩을 틀리곤 했다. 그러나 나는 전혀 개의치 않는다. 친한 친구들이 '또 틀렸느냐?'고 놀리더라도 그런 건 전혀 창피하지 않다고 생각하기 때문이다. 되레 당당하게 응수하곤 한다.

"몰라서 틀린 건 전혀 창피한 일이 아니야."

또한 긍정적이다. 한꺼번에 큰 좌절을 겪고 전 재산을 몽땅 날렸음에도 불구하고 남들보다 빨리 털고 일어날 수 있었던 건 긍정적인 성격의 영향이 크다. 부정적인 생각을 잘 하지 않는 편이라 안 좋은 일이 생겨도 누구 때문, 무엇 때문이라고 주변이나 사회를 탓하지 않는다. 사기를 당해도 사람을 잘못 믿은 내 잘못이고 투자한 돈을 날려도 내 욕심 때문이려니 생각했다. 타의 모범이 되는 성품까지는 아니더라도 본받고 싶은 성격이라는 말을 주변에서 꽤 많이 들었다.

오늘날의 정윤숙을 만든 건 다름 아닌 부모님이었다. 어릴 때부터 끊임없이 들은 칭찬과 모자람 없이 받은 사랑이었다.

그러나 요즘은 어떠한가. 우리 사회의 전반적인 분위기가 칭찬보다는 타인과 경쟁하는 방식으로 아이를 키우게 만든다. '엄친아'로 대표되는 비교 대상은 아이뿐 아니라 엄마에게도 영향을 미친다. 옆집 아이는 또박또박 책도 잘 읽고 동생도 잘 돌보는데 우리 아이는 그러지 못할 때 엄마는 아이를 다그치게 된다. 이런 식으로 아이를 의기소침하게 만들면 아이는 자신감과 자존감이 떨어지고 '난 안 돼!', '난 못 해!'라는 부정적인 인식이 자리 잡아 앞날에 대한 꿈을 꿀 기회조차 갖지 못한다.

아이가 살아가는 데 중요한 건 시험을 100점 맞거나 좋은 대학에 합격하는 게 아니라 인생을 평화롭게 사는 일이다. 아이를 야단쳐서 당장 눈에 띄는 성취를 이룬다 해도 주눅 들고 움츠러드는 성격을 갖게 한다면 그게 과연 좋은 일일까?

칭찬의 힘이 얼마나 대단한지 몸소 경험한 덕분에 나는 내 아이들에게 아낌없이 칭찬을 해주었다. 어린 날의 내가 그랬듯 아이들끼리 부침개를 부치거나 어쩌다 빨래라도 해놓은 날이면 내 부모님처럼 탄성을 내뱉으며 칭찬했다. 비록 부침개 반죽에 간을 할 줄 몰라 밀가루 떡에 불과한 음식을 만들어놓았을지라도 말이다. 자녀를 교육하는 방식 또한 어쩌면 부모님에게 자연스레 배웠는지도 모르겠다.

부모님은 내가 공부를 잘하지 못한다고 윽박지르거나 실망한 기색을 보인 적이 없었다. 훈육을 할 때도 사랑의 매는커녕 꿀밤 한 대도 쥐어박은 적 없으셨다. 말로 하는 야단이 전부였지만 그 역시 나를 비난하는 게 아니라 올바르지 못한 행동에 대한 꾸지람 정도였다. 내 자존감을 떨어뜨리는 일은 단 한 번도 하지 않으셨다.

누구에게나 유년 시절은 공부하기 싫고 자기 맘대로 할 수 있는 게 별로 없으며 용돈을 받아 가며 생활하는 시기다. 그 시절에는 시간이 더디게 가고 지루하게만 느껴진다. 그러나 돌이켜 보면 그 시절이 한 사람의 인생, 거의 70여 년에 가까운 시간을 좌우한다 해도 과언이 아닌 듯싶다. 유년의 칭찬과 사랑은 나를 긍정적인 사람으로 만들어줬다. 앞으로 또 다른 어려움이 오더라도 이전처럼 털고 일어설 힘이 내재돼 있다.

자녀를 비교 대상으로 만들지 않고, 꿈을 심어주며 칭찬을 듬뿍 주는 일은 아이의 인생을 통틀어 가장 소중한 자산을 만들어주는 것이다. 다른 누구도 아닌 내가 직접 경험한 결과이므로 믿어도 좋다.

또한 칭찬이 가득하다면 이 세상은 더 나빠지지 않을 수도 있다. 칭찬을 받고 자란 사람은 칭찬하는 일이 습관이 되고 주변에도 칭찬을 널리 퍼뜨릴 테니까. 그런 식으로 칭찬이 널리 퍼지면 지금보다 더 좋은 세상을 꿈꿀 수 있지 않을까? 우리 사회가 조금 더 나은 곳이 되기 위해서라도 칭찬의 선순환이 이루어지길 바란다.

남다른 '회복탄력성'의 비밀

몇 년 전부터 '회복탄력성'이 우리 사회의 화두로 떠오르기 시작했다. 자존감과 더불어 회복탄력성을 높이는 방법이 주목을 끌었고 여전히 회복탄력성의 중요성을 강조하는 책이 출간되고 있다. 회복탄력성은 역경, 스트레스, 부정적 사건 등을 경험할 때 마치 오뚝이처럼 다시 일어서는 능력으로, 회복탄력성이 높은 사람들은 그렇지 않은 사람에 비해 비교적 빨리 털고 일어설 수 있다고 평가받는다. 불행에 사로잡혀 주저앉아 있지 않으며 어려움 속에서도 잘 될 거라는 믿음과 용기, 희망을 잃지 않는다. 어려움을 얼마나 잘 버티고 견뎌내어 회복되느냐에 따라 회복탄력성이 높고 낮음을 판가름할 수 있다.

회복탄력성을 처음 접했을 때 나는 내가 가진 장점 중 하나가 바로 남다른 회복탄력성이 아닐까 생각했다. 3년 동안 연달아 겪은 어려움에도 결코 무너지지 않았으며 남들보다 빨리 털고 일어날 수 있었으니 말이다.

　어려움이 닥쳤을 때 나라고 왜 힘들지 않았겠는가. 나라고 왜 상처가 없었겠나. 내게 남들과 다른 점이 있었다면 불행에 사로잡혀 있지 않았다는 것이다. 상처나 고통이 오래 가지 않고 빨리 치유될 수 있었던 이유는 다시 일어설 수 있다는 믿음과 용기, 희망을 잃지 않았던 까닭이다. 마음이 건강하고 자존감이 높았던 덕분이었다.

건강한 마음이 가능성을 만든다

　마음이 건강한 상태는 참 중요하다. 나는 이걸 '꼬인 게 없는 마음'이라고 부른다. 자존감이 낮거나 어릴 때 학대를 받고 비교 대상으로 자란 사람일 경우 별 것 아닌 말도 꼬아서 듣는 경향이 있다. 가령 내 접시에 빵이 놓여 있고 옆 사람이 그 빵을 먹었을 경우 두 가지 반응을 가정할 수 있다.

A : "내 빵인데 왜 먹지? 왜 내 걸 빼앗아 먹지?"
B : "배가 고픈가 보네. 먹을 수도 있지."

　나는 후자인 B처럼 생각하는 편이라 앞선 A처럼 반응

하기도 한다는 걸 알았을 때 적잖이 충격을 받았다. 내 입장에서는 대수롭지 않게 여길 만한 상황이지만 다른 사람에게는 자신을 무시하거나 부당한 일처럼 느껴질 수 있다는 점이 놀라웠다. 똑같은 상황이라도 받아들이는 사람에 따라 전혀 다른 반응을 불러올 수 있다는 걸 깨닫고 마음이 꼬여 있지 않다는 게 얼마나 큰 장점인지 생각해보게 되었다.

    마음이 꼬여 있지 않아서 상황을 있는 그대로 받아들이면 눈앞에 더 많은 가능성이 펼쳐지고 결국 좋은 결과를 불러온다는 걸 경험으로 터득했다. 멜라루카 코리아에 입사한 지 일주일 정도 되었을 때의 일이다. 제품 정보와 매뉴얼을 잘 모르는 상태였으므로 프리젠테이션을 하려면 누군가의 도움이 필요했고 당시 내 멘토가 발표 준비를 도와주었다. 일주일쯤 지났을까, 그가 대뜸 이렇게 말했다.

    "정윤숙 씨, 프리젠테이션 한 번 해보세요."

    "네?"

    보통 사람은 세 달이 지나도 엄두도 내지 못할 일을 내게 해보라고 권한 것이다. 그러나 내가 누구인가, '멍석 깔아주면 잘하는' 정윤숙이 아닌가. 나는 그동안 멘토에게 배운 내용과 여기저기서 알음알음 주워들은 정보를 총동원하여 홀로 발표 준비를 했다. 그리고 마침내 사람들 앞에서 발표를 선보였다. 내가 발표를 마치자마자 멘토가 다가와서 말했다.

"이렇게 잘하는 사람은 처음 봤어요."

당시 나는 그 말을 진심으로 받아들였고 곧이곧대로 믿었다. 이후에는 발표를 더 잘하려고 노력했고 경험이 거듭되면서 실제로 더 잘하게 되었다. 어려서부터 워낙 칭찬을 많이 받고 자란 터라 칭찬은 내게 곧 사랑을 의미했다. 그래서 나는 아버지가 "이렇게 맛있는 감자는 처음이다."라고 말씀하셨던 것처럼 멘토의 "이렇게 잘하는 사람은 처음 봤어요."라는 말을 순수하게 수용했다. 마음이 꼬여 있지 않기 때문에 멘토의 말을 칭찬으로 들었던 것이다.

누군가는 아직 초짜 태를 벗지 못했는데도 '잘한다.'는 칭찬을 받으면 "무슨 말도 안 되는 소리야?"라고 받아치거나 "그냥 예의상 하는 말이겠지."라고 꼬아서 생각하기 십상이다.

시간이 한참 지나서 멘토에게 그때 그 말이 진심이었느냐고 물어볼 기회가 있었는데 그는 내 예상과는 조금 다른 말을 건넸다.

"진심이라기보다는……, 교육한 지 일주일밖에 안 됐는데도 제법 잘하기에 이만큼 잘하는 사람을 처음 봤다고, 나는 그저 사실을 이야기했을 뿐이에요."

그의 의도가 칭찬이 아니었다고 해도 그때 그 말을 의심하지 않았던 덕에 오늘날 이 자리에 이를 수 있었던 건 분명하다.

그러나 한편으로는 다른 사람의 이야기를 곧이곧대로 받아들이고 의심을 하지 않는 편이라 손해를 본 적도 많다. 오죽하면 이제는 주변에서 "사람 좀 믿지 말라."고 나서서 제지할 정도다. 지인들이 우스갯소리로 철칙도 만들어주었다.

첫째, 사람을 믿지 말라.

둘째, 모든 사람이 당신에게 거짓말을 하거나 사기를 칠 수 있다.

위의 전제를 늘 염두에 두고 사람을 만나라고 교육을 시키곤 하지만 번번이 실패하고 만다. 오십 평생을 이렇게 살아서 일부러 안 믿으려고 하는 것도 여간 쉽지가 않다.

남다른 회복탄력성, 당신도 가능하다

모든 사람이 나를 칭찬하고 좋게 본 것만은 아니었다. 나를 질투하고 질타하는 사람도 분명 있었다. 나 역시 인간인지라 좋지 않은 말을 들으면 기분이 가라앉고 속이

상했다. 다만 그 감정이 오래 가지는 않았다. 내가 스스로 나서서 빨리 털어내는 편이었다.

지금보다 덜 성숙했던 시절에는 나 역시 질타하는 말들이 나를 저격하고 공격하는 거라고 생각하기도 했다. 그런데 여러 교육 프로그램과 책을 접하면서 그런 말들은 그저 그 사람의 생각과 말이라는 걸 인지하게 되었고 이후로는 안 좋은 소리를 듣게 되어도 크게 개의치 않게 되었다. 부정적인 감정에 함몰되어 기분을 망치거나 감정을 소모하고 싶지 않았다.

그러나 주변을 보면 다른 사람의 생각과 판단 때문에 쉽게 상처받고 섣불리 좌절하고 포기하는 경우가 참 많다. 상대의 말과 행동에 좌우되어 인생이 흔들리는 건 얼마나 어리석은 일인가. 설령 "왜 이렇게 못 해?"라는 핀잔을 들은 경우라도 그 말을 내게 도움이 되는 쪽으로 해석하는 게 좋다.

"그런가? 내가 잘 못하나? 그렇다면 더 노력해야겠다."

라는 식으로 말이다. 똑같은 상황, 같은 말이라도 어떻게 받아들이느냐에 따라 결과가 달라질 수 있다.

또한 실수를 하더라도 괜히 부정적인 감정에 사로잡혀 자책할 필요가 없다. 우리 뇌에는 실수뇌파라는 것이 있어서 실패를 겪고 났을 때 주의집중력이 가장 높아진다는 연구 결과도 있다. 실수했을 때의 괴로운 마음이 다시는 같은 일을 겪지 않겠다는 다짐이 되고, 결국 더 나은 결과를 가져다준다는 것.

인생은 뻥 뚫린 고속도로만은 아니다. 자갈밭을 지나거나 장애물을 피해 우회하는 경우가 반드시 발생한다. 그 과정에서 실패와 좌절이 동반되기도 한다. 어느 누구도 인생의 이런 구조에서 자유롭지 못하다.

어려움을 피할 순 없겠지만 대신 극복은 가능하다. 눈앞에 닥친 상황에 백기를 들 것인지, 극복할 수 있다는 희망과 용기를 잃지 않고 다시 한 번 일어설 것인지. 마음이 모나지 않고 건강하다면 선뜻 후자를 택할 터이다. 포기하지 않고 일어서는 게 반복되다 보면 습관이 되고 몸에 배어 남다른 회복탄력성을 갖추게 될 테고 말이다. 어쩌면 남다른 회복탄력성은 타고 나는 영역이 아니라 살면서 단련하고 오직 단련에 의해서만 더욱 단단해지는 건 아닐까.

열린 마음은 기본, 감사와 팔로워십은 필수

남들은 전혀 모르는 콤플렉스가 하나 있다. 다름 아닌 목소리. 나는 목소리가 허스키하고 우렁차다. 경상도 출신 아니랄까 봐 사투리까지 드문드문 섞여 있다. 가뜩이나 목소리가 걸걸하고 걸쭉한데 강의를 하다 보면 이야기에 가속이 붙어 나도 모르게 목소리가 더 커지곤 한다.

나도 조곤조곤한 말투로 부드럽게 이야기하고 싶지만 타고 난 성향인지라 바꾸는 게 쉽지 않았다. 대중 앞에서 이야기하는 게 주된 일이고 자기 목소리는 제 귀에 더 형편없이 들리는 터라 이런 콤플렉스는 제법 신경 쓰이는 부분이었다. 고민 끝에 나는 콤플렉스를 전면에 내세우기 시작했다.

"안녕하세요? 목소리가 가장 아름다운 정윤숙입니다."

강의를 시작하기에 앞서 목소리가 아름다운 사람으로 나를 소개한 것이다. 처음에는 여기저기서 가벼운 웃음이

터졌다. 내가 우스갯소리로 하는 말이란 걸 다른 사람들도 알았기 때문이다. 그러나 요즘은 그렇지 않다. 되레 사회자가 나를 이렇게 소개한다.

"목소리가 가장 아름다운 강사입니다."

그러면 청중들은 수긍하는 의미의 박수를 보낸다. 울림통이 큰 목소리는 강연장 끝자리에 앉은 사람들까지 사로잡을 만큼 카리스마 있고, 걸쭉한 목소리로 이야기하다 보니 생동감 넘치는 강연이 되어 사람들의 호응을 불러일으킨다는 반응이다. 콤플렉스라 여겼던 단점이 어느새 내 장점이 된 것.

단점은 내가 어떻게 할 수 없다. 바꿀 수도 없고 없앨 수도 없다. 장점으로 덮어버리는 게 가장 효과적이다. 앞서 이야기한 것처럼 나는 '덜렁이'인 내 면모도 웃음으로 승화시켜 즐기는 편이다. 못 가진 부분을 부러워하고 시기하기보다 내가 가진 부분에 집중하는 건 스트레스를 줄이고 즐겁게 사는 방법 중 하나다.

나는 우리 모두에게 각자 주어진 삶이 있다고 생각한다. 사람이 이 땅에 태어난 건 각자에게 맞는 소명이 있기 때문이다. 이를 테면 밀가루만으로는 결코 맛있는 빵을 만들 수 없다. 계란, 버터, 소금, 이스트 등 부재료가 더해져야 하고 알맞은 온도와 습도가 갖춰져야 한다. 설령 똑같은 재료와 상황이라고 해도 누가 만드느냐에 따라 그 맛이 또 달라진다.

다시 말해 내게 주어진 삶은 오직 나만이 만들 수 있는 유일무이한 빵인 셈이다. 그러니 못 가진 부분을 부러워하고 아쉬워하기보다 내게 주어진 부분에 감사하는 마음이 필요하다.

헬렌 켈러는 앞을 보지 못하고 소리도 듣지 못했다. 선천적인 장애가 아니라 멀쩡하게 태어나 후천적으로 얻게 된 장애였다. 그러나 열악한 상황과 어려움 속에서도 그녀는 오늘날 전 세계인에게 영향력을 끼친 위대한 사람이 되었다. 오직 헬렌 켈러만이 살 수 있는 삶이었으며 포기하지 않고 삶을 살아낸 끝에 얻게 된 결과였다.

누구나 리더가 될 수 있다

언젠가 신앙에 관해서도 이야기할 기회가 있으면 좋겠다. 온갖 시련에 이리 치이고 저리 치일 때 나는 교회에서 위로를 받고 내 존재에 감사를 느꼈다. 세상이 내게 어려움과 고통만 준다고 생각했을 때 예배와 기도로 평안을 얻었다. 그때 깨닫게 된 점이 바로 열린 마음의 중요성이었다.

마음이 닫혀 있는 사람은 아무리 좋은 메시지를 접해도 그게 좋은 메시지인지조차 인지하지 못한다. 만약 어렵고 힘든 시기를 보내는 동안 내 마음이 닫혀 있었다면 나 역시 세상을 원망하고 상황을 탓하기 바빴을 터였다. 마음만은 열려 있었기 때문에 나는 원망하고 탓하는 마음을 부끄러워했으며 기도로 내 마음을 갈고 닦았다.

마음이 강퍅했다면 그토록 빨리 회복하고 극복하기란 쉽지 않았을 것이다. 그런 점에서 신앙은 내게 일종의 유일한 멘토와 같았다. 지난 시간을 돌이켜 볼 때마다 당시 내게도 롤 모델이 되는 멘토가 있었다면 얼마나 좋았을까 생각하곤 한다.

언젠가부터 우리 사회에서 멘토링이라는 말을 자주 사용하고 있다. 학교, 회사를 비롯해 한 집단에서 서로 영향을 주고받는 관계를 지칭하는데 과거에는 선배와 후배, 스승과 제자로 나뉘던 관계가 요즘은 멘토와 멘티로 통용되고 있다. 사실 멘토는 고대 그리스 시인인 호메로스의 작품 <오디세이아>에 등장한 '멘토'라는 인물에서 그 기원을 찾을 수 있을 만큼 오래된 어원이다.

오디세우스왕은 트로이 전쟁 출정을 앞두고 자신의 가문과 아들 텔레마코스를 그의 친구인 '멘토'에게 맡겼다고 한다. 오디세우스 왕이 전쟁에서 돌아오기까지 10여

년 동안 멘토는 텔레마코스의 친구이자 선생, 상담자, 때로는 아버지가 되어 살뜰히 보살폈다. 텔레마코스가 용감하고 지혜로우며 왕으로 손색없는 훌륭한 인물로 성장하는 데 큰 영향력을 미친 인물이 바로 멘토였던 것. 이후 멘토는 지혜와 신뢰로 한 사람의 인생을 이끌어주는 지도자라는 의미로 사용되었다.

앞선 기원처럼 멘토는 이끌어주는 사람이다. 닮고 싶고 영향력을 받고 싶은 사람이므로 당장 내 곁에 없고 지구 반대편에 있는 사람일지라도 멘토가 될 수 있다. 내 경우에는 일의 멘토, 신앙의 멘토, 삶 전반에 관한 멘토가 각기 다르다. 다행히 나와 가까이 있어 필요하면 언제든지 만나서 이야기를 나눌 수 있다. 그들이 하는 이야기는 늘 내 마음을 울리곤 한다.

인생의 운전대는 다른 누구도 아닌 내가 잡는 것이지만 멘토가 방향과 진로를 설정하는 데 도움을 줄 수 있다. 그래서 누군가 나를 자신의 멘토라고 고백하면 가슴이 벅차고 행복했다. 일하는 분야에서든, 자녀를 둔 엄마 입장에서든 나를 닮고 싶다는 이야기를 들을 때면 굉장히 설레곤 했다. 적어도 그가 닮고 싶다고 하는 면에 있어서만큼은 제대로 된 멘토가 되어주겠노라 다짐하게 된다.

그러나 인간은 완벽할 수 없고 완성형이란 게 없다. 어느 한 분야에서는 누구든 멘토가 될 수 있지만 다른 분야에서는 따르는 사람, 즉 멘티이다. 나 역시 마찬가지다. 내가 일하는 분야에서는 사람들을 이끌고 리더로 행동하지만 다른 분야에서는 팔로워다. 모든 분야에 능통한 만능 리더가 과연 존재할까? 어느 누구도 교만할 수 없는 이유다.

또한 팔로우를 잘하는 사람만이 리더가 될 수 있다고 생각한다. 팔로워는 다른 사람의 말을 경청할 줄 알며 배우려는 자세가 갖춰져야 한다. 스스로 배우려는 의지가 없으면 아무리 훌륭한 리더가 이끈다 해도 쉽지 않을 터이다. 이런 까닭에 요즘 우리 사회에서는 리더십 못지않게 중요한 자질로 팔로워십을 꼽는다. 스스로 잘 따르는 사람은 반대로 다른 사람이 자신을 잘 따를 수 있게 한다.

어려서부터 공부를 하고 성인이 되어 직업을 갖는 일련의 과정은 결국 한 분야 또는 한 회사에서 많은 사람의 리더가 되기 위한 수순인 것 같다. 이때의 리더는 높은 직책이나 많은 보수를 받는 사람을 뜻하지 않는다. 자신이 가진 재능을 발휘하고 그 재능에 있어서만큼은 다른 사람을 이끌 수 있는 역할을 의미한다. 그리고 어떤 재능이든 세상에서 사람과의 관계 속에서 유용하게 사용될 때 가치 있는 법이다.

멘토이자 멘티, 리더이자 팔로워로 서로 영향력을 주고받는 사회는 단순한 경쟁터가 아니라 모든 사람이 성장하고 공생하는 터전이 될 수 있지 않을까.

고래 싸움에 새우 등 터지지 않는다

인생을 한 단어로 설명하라면 나는 망설임 없이 '사랑'을 꼽는다. 인생에 사랑이 빠진 경우가 없기 때문이다. 사람은 누구나 세상에 태어나며 '응애'하고 세찬 울음을 터뜨린다. 난생처음 사랑을 갈구하는 순간이다. '배고파요.', '응가 쌌어요.' 하며 울음으로 의사를 표현하고, 자라면서 부모에게 떼를 쓰거나 친구들을 꼬집고 괴롭히는 일 역시 '내게 관심을 가져 달라.'는 일종의 사랑의 표현이다.

친구 간에 사랑이 없으면 우정이 오래 가지 못하고, 부모가 자녀에게 전부를 줘도 아깝지 않은 마음 또한 사랑이다. 이처럼 사람 간의 관계가 곧 사랑이며 삶 자체가 사랑으로 이루어져 있다고 해도 결코 과언이 아니다. 그리고 여러 형태의 사랑 중에서도 내 나이쯤 되면 이성적인 사랑을 빼놓을 수 없다.

"살면서 멋진 사랑 한 번 해봤나요?"

위와 같은 질문을 받았을 때 자신 있게 대답하지 못한다면 '참 인생'을 맛보지 못한 셈이나 다름없다. 사랑을 해본 사람과 그렇지 않은 사람은 세상을 바라보는 시선이 다르다. 가령 비가 오는 날, 사랑을 해본 사람은 한 편의 시를 쓸 수 있지만 그렇지 않은 사람은 불평불만만 터뜨릴 터. 사랑을 해본 사람은 온 몸의 감각이 예민해져 세상을 더 다채롭고 풍요롭게 받아들일 수 있다.

한편 '너무 아픈 사랑은 사랑이 아니다.'라는 노랫말이 있다. 그러나 나는 아픈 사랑을 한 번쯤 해봐야 사랑이 무엇인지 깨닫게 된다고 생각하는 사람이다. 늘 곁에 있는 사랑은 그 소중함을 알기 어렵다. 이별 등으로 아픔을 경험하면 뒤늦게 사랑의 소중함과 가치를 깨닫게 되고 이후에 찾아오는 사랑이 귀한 줄 알게 된다. 그때에서야 비로소 값진 사랑을 할 수 있는 것 같다.

싸워야 부부다

전 남편이 내게 준 사랑은 부모님의 그것과 같았다. 회사에서 사수로 만난 그는 늘 나를 '예쁘다.' 말해주었고 '잘한다.' 칭찬했으며 살뜰하게 챙겨주었다. 부모님에게 받은 사랑과 똑같아서 나는 그의 행동을 사랑이라고 착각하고 말았다. 세상 물성을 모를 나이였으므로 차이를 판단하기란 쉽지 않았을 것이다.

요즘은 여러 매체나 서적으로 연애를 배우기도 하고 조언을 얻지만 당시에는 그런 방면으로는 정보가 터무니없이 부족했다. 짧은 연애 끝에 결혼을 했고 여느 부부처럼 티격태격 싸웠다. 싸움이 잦아질 때마다 서운함이 쌓였다. 서로 많이 사랑했다면 서운함을 그때그때 풀 수 있을 텐데 사랑하는 마음이 덜했던 때문인지 서운함만 켜켜이 쌓아갔다. 결국 이혼을 선택하게 되었다.

요즘은 부부 갈등이 많고 이혼도 흔해졌다. 그래서인지 부모가 싸우는 모습을 많이 보여주면 자녀가 불행해진다는 이야기를 많이 한다. 그러나 나는 부모가 싸워도 자녀는 결코 잘못되지 않는다고 말하고 싶다. 부모가 자녀에게 사랑을 보여준다면 부부 간에 아무리 많이 싸워도 자녀가 비뚤어지지 않는다. 다만 부부싸움과 자녀 사랑이 별개라는 것만 인지하면 된다. 부부싸움의 화살을 애꿎은 자녀에게 돌리는 상황이 문제라면 문제다.

과거에는 지금처럼 애정 표현도 없었고 사랑 없는 결혼도 많았지만 오히려 이혼은 드물었다. 부부싸움이 없었기 때문일까? 그렇지 않다. 내가 어릴 때 우리 부모님도 참 많이 싸우셨다. 그 시절에도 지금처럼 술 먹고 늦게 들어오는 아버지, 바가지 긁는 어머니는 매우 흔했다. 부모님이 언성을 높이며 다투는 날이면 나는 마음이 절로 오그라들어 숨을 죽인 채 두려움에 떨었다. 그러나 다음날이면 어머니는 평소처럼 따뜻한 밥상을 차렸고 도시락을 챙겨주셨다. 아버지는 학교 잘 다녀오라며 나를 따뜻하게 안아주셨다. 여느 날과 다름없이 나와 동생들을 다정한 태도로 대했기 때문에 부모님이 아무리 크게 싸우더라도 나를 사랑한다는 사실에는 변함이 없다는 걸 알았다. 부모의 싸움과는 별개로 여전히 나를 사랑한다는 걸 의심할 필요가 없었다.

그러나 부부싸움에 자녀를 결부시키는 사람이 의외로 많다. 큰 목소리로 서로를 비난한 끝에 그 화살을 자녀에게 돌리기 일쑤다.

"누굴 닮아서 저럴까."

"너도 네 아빠랑 똑같다."

"제 엄마 판박이다."

이런 말은 자녀에게 큰 상처를 남긴다. 가뜩이나 부모의 싸움으로 마음이 얼어붙은 상태인데 비난하는 말까지 듣는다면 자녀는 싸움의 원인이 자신인 것처럼 느끼고 말 터. 게다가 냉랭한 분위기를 조성하며 밥도 안 차리는 엄마, 아침 일찍 말도 없이 집을 나서는 아빠는 얼마나 많은가.

설령 이혼을 하게 되더라도 마찬가지다. 비록 부모는 헤어지지만 여전히 자녀를 사랑한다는 믿음을 심어주는 게 중요하다. 매일같이 싸우며 이혼도 하지 않은 채 "내가 네 아버지 때문에 이러고 산다."는 식으로 아이를 비난하면 되레 그런 상황이 아이를 비뚤어지게 만든다. 나야 말로 부모님의 싸움을 많이 보고 자란 사람이기 때문에 누구보다 잘 안다.

사람의 사랑의 힘

심리학 용어로 '핑크렌즈 효과'라는 말이 있다. 흔히 말하는 '사랑의 콩깍지가 씐 상태'를 일컫는데 이는 남녀 사이에서 벌어지는 만국의 공통 현상인 셈이다. 사랑에 빠진 사람의 뇌에서는 페닐에틸아민이라는 특별한 물질이 분비되는데 도파민과 세로토닌, 엔도르핀 등 행복과 쾌감을 일으키는 호르몬의 분비를 촉진한다는 연구 결과가 있다. 인간의 신체는 동일한 화학 물질에 오래 노출되면 내성이 생기게 마련이므로 특별한 물질의 작용은 점차 감소한다. 과학자들은 일반적으로 이 물질이 지속되는 기간을 최장 3년으로 보고 있다. 말하자면 뜨겁게 타오르는 사랑은 3년이면 끝난다는 말이다.

사람은 성숙한 존재이다. 페닐에틸아민이라는 이름도 어려운 물질에 의존하여 사랑하고 그 작용이 끝났다고 마치 사랑이 끝난 듯 서로를 미워하는 건 미성숙한 행동이 아닐까. 사랑의 콩깍지가 벗겨진 다음에는 서로 존중하고 배려하며 살아야 한다. 그러나 인간은 성숙하고자 노력하는 존재이므로 나 역시 과거에는 미성숙한 한 사람에 불과했다. 사랑이 내게 찾아왔을 때 온전히 사랑하지 못하고 놓친 경험이 있다.

사람은 가르치면서 배운다고 한다. 내가 아무리 공부를 열심히 하고 지식을 쌓는다 해도 그걸 나만 갖고 있으면 아무런 소용이 없다. 다른 사람에게 알려주고 가르칠 때에야 진정으로 내 것이 된다는 걸 경험으로 깨달았다. '배워서 남 주나?'라는 말을 많이 하지만 사실 남에게 주는 것보다 더 큰 배움은 없다고 생각한다. 하나를 배울 때 나는 고작 하나를 얻을 수 있지만 남에게 가르칠 땐 두 개, 세 개까지 배울 수 있다. 지금 이렇듯 사랑에 관한 자기고백을 하는 이유이기도 하다.

아들이 유학을 다녀온 직후 다 같이 모여 식사하는 자리를 마련했다. 무사히 유학생활을 마치고 돌아온 걸 격려하고 축하하는 자리였고, 전 남편은 아이들 아빠로 자리를 함께 했다. 식사를 거의 마무리할 즈음 아들이 돌연 질문을 던졌다.

"아버지랑 화해해서 다시 같이 살 마음은 없으세요?"

부모의 이혼에 가타부타 말이 없던 아들이 처음으로 제 의사를 밝힌 것이다. 워낙 알아서 잘하는 아이인 데다 유학생활에 치이느라 아버지의 빈자리를 느낄 겨를이 없었다고 생각했다. 게다가 나와 아이들은 아버지의 역할을 분담하며 서로를 도왔다. 조금 당황하긴 했지만 나는 마음에 담아둔 바를 천천히 이야기했다.

"아빠와 엄마는 생각이 많이 달라. 처음에는 서로 좋아서 결혼했지만 그 다름을 인정하고 사랑으로 극복하진 못했어. 살면서 서운한 게 많이 쌓였고 다시 산다 해도 싸울 일만 생길 것 같아. 아마 행복하지 않겠지."

각자의 인생을 살면서 행복한 게 더 좋지 않겠느냐고 묻자 아들은 고개를 주억거렸다. 이후로는 그 문제를 더 이상 입에 올리지 않았다. 아버지와 다시 합칠 생각이 없느냐는 아들의 의중을 확인할 기회는 없었지만 아들은 이전과 다름없이 자기 생활을 충실히 해나갔다.

입사한 회사가 마음에 든다고 했고 상사에게 제법 인정도 받는 모양이었다. 퇴근 후에는 운동을 하고 주말에는 혼자 영화를 보러가는 등 여가 생활도 소홀히 하지 않았다. 피아노 학원을 다니는 아들의 모습을 보며 나는 가슴

언저리가 저릿했다. 부모가 자주 싸우고 이혼한다고 해서 아이가 비뚤어지진 않는구나, 편모 밑에서도 건강하고 반듯한 아이로 잘 자라주었구나 싶은 마음이었다.

'결손가정에서 자란 아이는 상처가 많다.'는 식의 선입견이 아직도 팽배하지만 아이가 비뚤어지는 원인이 결코 결여된 가족 구성원 때문은 아니라고 생각한다.

완벽한 가족의 형태를 갖추고 있다고 해도 그 속을 들여다보면 그렇지 않은 경우가 많으니까. 톨스토이 역시 『안나 카레리나』라는 명작을 통해 '행복한 가정은 모두 엇비슷하고 불행한 가정은 불행한 이유가 제각기 다르다.'는 명언을 남기지 않았던가.

부부간의 문제를 아이와 결부시키지 않고 부모의 역할을 잘 보여주기만 한다면 아이 가슴 속에 구멍이 생기는 일은 막을 수 있다. 세상에는 다양한 갈등이 존재하지만 그 중 절반은 아마 사람 간의 관계에서 비롯되는 일이고, 이를 해결할 수 있는 건 다름 아닌 사랑 아닐까.

사랑에는 유통기한이 있다

누구에게나 공통적인 행복이 있다면 사랑하고 사랑 받는 일이다. 그걸 부인할 사람은 아마 없을 터. 학창 시절을 떠올려 보면 수업하기 싫은 날이면 아이들은 선생님에게 첫사랑 이야기를 조르곤 했다. 사랑 이야기는 자던 아이도 벌떡 일어나 선생님 말씀에 귀를 기울이게 만드는 마력이 있었다. 연애 소설을 읽느라 밤을 꼴딱 지새우거나 밤마다 라디오에서 소개하는 사랑을 앓는 청춘들의 사연에 촉각을 곤두세운 경험 역시 누구나 가지고 있지 않을까?

사랑 이야기만큼 친근하고 친밀하며 호기심과 흥미를 자극하는 화젯거리도 없다. 시대와 나라를 막론하고 유명한 문학 작품에서도 다양하게 사랑을 이야기한다. 모두 사랑이 인생의 핵심 키워드인 까닭이다. 인생에 사랑이 빠지면 재미가 없고 삶의 의미까지 사라지는 듯하다.

어쩌면 인간은 사랑하고 행복해지기 위해 사는지도 모

른다. 사랑하는 사람과 함께 여행을 가면 풍광이 더 아름답게 보이고 얼굴에 생기가 돈다. 맛있는 음식도 사랑하는 사람과 함께 먹으면 감칠맛이 도는 것처럼. 사람이 일을 하고 돈을 버는 이유 또한 사랑 때문은 아닐까.

게다가 사랑의 영향력은 실로 엄청나다. 인간이 가지지 못한 초인적인 힘과 에너지를 발휘하게 만든다. 이를테면 병실에서 힘겹게 생을 연장하던 부모가 자식이 보고 싶어서 올 때까지 기다린 다음 자녀의 목소리를 듣고 생의 끈을 놓는 경우. 부모는 사랑의 힘으로 어렵게 생명줄을 연장한 것이다.

이성 간의 사랑도 내가 어려움에 처해서 좌절하고 힘들어 할 때 전화 한 통으로 사랑하는 사람의 목소리를 들으면 일어설 힘이 생기는 것처럼 사랑 속에는 무한한 가능성이 숨어 있다. 그러니 혹시 지금 사랑하고 있지 않다면 누군가를 사랑하라고 말하고 싶다.

몸이 아프면 입맛도 없고 밥을 잘 못 먹는다. 입원한 환자 중에 식사를 맛있게 하는 경우란 드물다. 사랑이 부족하고 사랑에 아픈 사람 역시 환자와 비슷하다. 때로는 환자보다 더한 상황일 수 있다. 육신이 아픈 건 약으로 치유할 수 있지만 후자는 오직 사랑으로만 치유할 수 있으므로.

완벽한 사랑은 없다

사실 사랑 이야기를 다루기까지 많은 고민이 따랐다. 다양한 사람이 존재하는 만큼 사랑 역시 가지각색이다. 누군가는 나와 다른 사랑에 대한 생각[觀]을 가지고 있을 테고 내가 이야기하는 사랑관이 옳은 것도 아니다.

그러나 사랑은 나를 오늘날 이 자리에 이를 수 있게 만들었으며 내 인생에서 빼놓을 수 없는 단어다. 부모님에게 받은 사랑이 정윤숙이라는 사람의 토대를 만들었다면 자녀를 위한 내 마음, 즉 사랑은 나를 움직이게 하는 원동력이었다. 그리고 지금부터는 앞선 사랑과는 성질이 조금 다른, 아쉽게 스쳤던 인연에 대해 이야기하고자 한다.

전 재산을 잃고 이혼까지 했을 때 내 목표란 오직 하나였다. 자녀들을 뒷받침하는 일. 일을 해야 하는 'WHY'가 분명했으므로 매일매일 열심히 일했다. 내가 하는 일로 자녀들이 하고 싶은 공부를 마음껏 할 수 있다는 데서 충만함을 느꼈다. 그러나 하루치 에너지를 몽땅 소진하고 집에 돌아오면 가슴 한 구석에 공허함이 느껴졌다. 아이들은 분명 나를 일으켜 세우고 다음날 다시 일터로 나가게 만드는 원동력이 분명했다. 또한 신앙이 늘 나를 바로 세워주고 가치관이 흔들리지 않게 잡아주었다.

그러나 아이들이나 신앙이 마음 속 공허까지 채워주진 못했다. 행복하지만 마냥 행복하진 않은 상태라고나 할까. 바로 그 무렵 사랑이라는 게 내 인생의 문을 두드린 적이 있었다. 이전과 똑같이 온종일 열심히 일했지만 피곤한 줄 몰랐다. 스케줄은 여전히 바빴지만 희망이 나를 신나게 했다. 이전과는 다른 활력을 경험했다.

그러나 아쉽게도 그 무렵의 나는 사랑에 미숙했다. 그동안 부모님과 전 남편에게 사랑을 받기만 한 터라 사랑은 받는 것인 줄 알았고, 주는 사랑은 서툴기 그지없었다. 난생 처음으로 상호작용하는 사랑을 마주했을 때 내 미숙함으로 인해 사랑을 제대로 이루지 못했다.

그러나 아픔 뒤에 찾아오는 사랑이 값진 것과 별개로 사랑에는 필연적으로 유통기한이 존재하는 것 같다. 3년이 지나면 사랑의 콩깍지가 벗겨진다는 말을 다시 하는 게 아니다. 인간은 불완전한 존재이므로 사랑의 가치와 소중함을 알면서도 완벽하게 후회 없는 사랑을 하는 거의 불가능에 가깝다는 말이다.

살아 있는 대상 사이에는 파장이 존재한다. 가령 내가 상대에게 공을 던지면 상대도 휴지 한 조각이라도 되던지는 게 사람 간의 파장이다. 휴지 대신 날카로운 말을 던지는 한이 있어도 결코 가만히 맞고만 있지는 않는다. 메아리가 돌아오는 것처럼 말이다. 그래서 사랑에서 비롯되는 여러 싸움은 서로가 살아 있는 대상이라는 증거인 셈이다. 사랑하기 때문에 서로로 인해 힘들고 아플 수밖에 없다. 완벽하게 후회 없는 사랑이란 불가능할지라도 사랑에는 고민과 고통이 수반된다는 걸 인지하고 있다면 사랑으로 생겨나는 갖은 어려움을 극복할 수 있다.

달콤 쌉싸름한 사랑의 맛

나는 사랑을 맛에 비유하고 싶다. 앞서 사랑에 유통기한이 있다고 이야기한 건 식품처럼 시간이 지나면 그 맛이 변질된다는 의미다. 사랑을 하면서 갈등이 생기는 이유는 5년, 10년이 지나도 처음과 같은 그 맛을 기대하기 때문이다.

사랑의 유통기한은 사람마다 다를 터이다. 누구는 10년이 될 수도 있고 또 다른 누구는 100년이 될 수도 있다. 다만 모든 사람에게 공통적으로 적용되는 사실이 있다면 정해진 기간 동안 점점 맛이 변한다는 것.

딸기로 예를 들어 보자. 오늘 갓 수확한 딸기가 가장 맛있는 때는 언제일까? 바로 오늘이다. 10일 뒤에는 어쩔 수 없이 맛이 변한다. 딸기 맛을 더 오래 보존하려고 통조림으로 만들 순 있지만 갓 수확한 딸기의 첫 맛을 보존할 순 없으며 그 맛을 다시 느끼기란 불가능하다. 그러나 통조림에 든 딸기가 내가 수확한 바로 그 딸기라는 점은 변하지 않는다. 맛이 다를 뿐 같은 사랑이라는 의미다.

첫맛은 달콤하고 신선하다. 딸기 아닌 사과, 포도를 대입해도 마찬가지이며 다른 농장에서 딴 딸기 역시 예외란 없다. 다시 말해 달콤하고 신선한 첫맛을 자꾸 찾아 나선다고 해도, 설령 찾았다고 해도 그 맛은 끝내 변한다. 맛이 변하는 건 자연의 섭리처럼 당연한 일이다. 그러므로 맛이 변했을 때 상한 줄 알고 사랑을 버리는 우를 범하진 말자는 이야기를 하고 싶다.

그렇다면 사랑을 어떻게 대하면 좋을까?

사랑은 나눠주는 것이기 때문에 먹는다는 의미로 이해하면 좋을 것 같다. 이번 봄에 갓 수확한 딸기를 맛있게 먹었다면 그것으로 만족한다. 이후에 딸기를 못 먹어도 차분히 기다린다. 딸기는 매년 새롭게 출하가 될 테고 내년 봄에 또다시 딸기를 맛볼 수 있기 때문이다. 인생은 계속 반복되므로 다음에 오는 딸기를 기다릴 줄 알아야 한다. 작년에 먹은 것보다 더 맛있는 딸기를 먹게 될지도 모를 일이다. 사랑도 연륜이 쌓이면 불꽃 튀는 사랑이 아니더라도 새로운 느낌을 경험하게 되는 것처럼.

대신 노력을 빼놓을 수 없다. 무슨 일이든 노력 없이 저절로 손에 쥐어지는 건 없다. 입맛은 변하게 마련이고, 똑같은 딸기일지라도 내 입맛이 변하면 같은 맛으로 인지할 수 없다. 사랑을 꾸준히 지속하고 싶다면 노력해야 한다. 결국 영원한 사랑이란 존재하지 않으며 우리는 시한부 사랑을 할 수밖에 없다. 그렇지만 그 끝이 정해져 있다는 사실을 인지하는 것만으로도 현재의 사랑에 더 충실할 수 있다.

내가 생각하는 사랑은 상대의 요구를 맞춰주는 일이다. 사랑하는 사람의 관심사가 무엇인지, 원하는 게 무엇인지 알고 있어야 한다. 가령 내가 사랑하는 사람이 면(麵)을 좋아하면 내가 면을 좋아하지 않더라도 식사로 밥 대신 면을 차리는 게 사랑이다. 나는 비록 한 젓가락 뜨는 둥 마는 둥 할지라도 사랑하는 사람이 맛있게 먹는다면 그걸로 마음이 풍족해지는 상태. 사랑하는 사람이 좋아하는 걸 함께 하는 데 가치를 부여하는 일 말이다.

그리고 배려가 필요하다. 상대와 내가 다르다는 사실을 인정하고 나와 같아지길 요구하지 않는 것, 상대를 있는 그대로 봐주는 게 내가 생각하는 배려다.

상대가 나와 다를 땐 내 요구를 표현하는 것도 방법이다. 나는 직접적으로 표현하는 편이었다. 예를 들어 일주일 뒤가 내 생일이라면 '생일날 시간을 내서 밥을 같이 먹어주면 좋겠다.'고 미리 이야기했다. 미리 말을 했는데도 상대가 약속을 잊어버리면 서운할 수 있지만 말도 하지 않고 상대가 알아서 생일을 챙겨주길 바라지 않았다는 것이다.

말을 할 때 표현하는 방법도 중요하다. 나는 마치 달력에 불조심 강조 기간을 표시해두는 것처럼 내 생일을 눈에 띄게 표시해놓고 "일주일 뒤에 내 생일이니까 시간 비워둬요."라고 강조하곤 했다. 디데이를 매일매일 체크했는데 정작 당일에 내가 잊어버리고 미역국을 깜빡하기도 했지만 말이다.

어느 날 갑자기 사랑이 온다

사랑은 쉽지 않다. 사람마다 원하는 바가 각기 다르기 때문에 사랑이 어렵다. 누군가는 잔잔한 사랑을 원하지만 다른 누군가는 열정적인 사랑을 요구할 수 있다. 또 누군가는 무조건 오래가는 사랑을 추구한다. 그러나 방법이 다를 뿐 틀린 사랑이란 없다.

한편 서로 원하는 바가 다르고 추구하는 사랑의 형태가 맞지 않아도 정말 사랑하면 차이를 뛰어넘을 수 있는 게 또 사랑이다.

　나는 커피를 못 마시더라도 아주 쓴 커피를 먹는 상대를 두고 "아유, 저 쓴 커피를 대체 왜 마셔?"라고 고개를 내젓는 게 아니라 "저 사람이 좋아하는 거니까 나도 한 번 먹어볼까?"라고 행동하는 게 내가 생각하는 사랑이다. 심지어 쓴 커피의 맛이 달콤하게 느껴지는 게 사랑의 힘이 아닐까 싶다.

　부모 자식 간의 대표적인 갈등 중 하나가 바로 자녀가 좋아하는 대상(아이돌이든 취미든)을 부모가 저지하거나 탐탁치 않아하는 이유로 트러블이 생기는 경우다. 사랑하는 사람이 행복해 한다면 그 자체만으로도 나에게 기쁨이 될 수 있지 않을까?

　사랑이란 행위나 행동이 아닌 대상이다. 사랑이라는 단어를 들을 때 가슴이 뛰고 설레는 게 아니라 사랑하는 대상을 떠올릴 때 몸과 마음이 반응하는 것처럼. 그러니 상대의 기쁨과 환희가 내게도 즐거울 때 비로소 사랑이라고 말할 수 있을 것 같다.

　지극히 개인적인 생각이지만 나는 노력해서 만들어지는 사랑은 사랑이 아니라고 생각하는 편이다. 여자든 남자든 나를 좋아하는 사람을 만나야 행복하다는 식의 이야기에 반대되는 입장이다. 내 마음에 사랑이 없는데 상대의 일방적인 노력과 배려로 그 사랑을 완성할 수 있을까? 나는 사랑은 우연히 저절로 생겨난다고 믿고 있다. 첫눈에 반하는 것까지는 아니더라도 누군가 우연히 마음에 들어오는 순간 사랑이 싹트기 시작한다. 그 사랑을 아름답게 가꾸고 키워가기 위해 노력과 배려가 필요한 것이다. 사랑의 맛이 변하는 걸 알고 다음에 찾아올 맛을 기다리는 일 역시 사랑을 유지하기 위한 노력의 일부. 마음에 피어난 감정이 없으면 아무리 노력하고 배려해도 사랑으로 키워나갈 수 없다.

   지금 나는 사랑할 준비가 되어 있다. 사랑이라는 게 내 마음의 문을 노크한다면 기꺼이 문을 열어줄 의향이 있다. 그 사랑을 싹 틔우고 노력으로 잘 가꿔나갈 준비를 갖추고 있다고 생각한다. 그리하여 사랑을 기다리는 희망의 상태인 지금이 또 다른 의미의 행복이다. 사랑을 맞을 준비가 되어 있기에 나는 행복하다.

이렇게 살고 있습니다

여행을 떠나요
우정의 또 다른 이름
고소공포증을 무찌른 여행의 묘미
'되는' 버킷리스트의 비밀

5장
유쾌한 지구별 여행자

여행을 떠나요

얼마 전 친구들과 모인 자리에서 여행 이야기가 나왔다. 여행이라는 단어는 입 밖에 내는 순간 주변을 환기시키는 특별한 재주가 있다. 최근에 떠났던 여행, 가장 좋았던 여행 등 추억을 회상하는 친구들의 얼굴이 상기돼 있었다. 그때 누군가 다 같이 여행이나 한 번 떠나자고 이야기했다.

"우리끼리 한 번도 안 갔지?"

"가자, 가자!"

순식간에 여행 계획을 세우는 쪽으로 대화 주제가 바뀌었다. 그리고 저마다 한 군데씩 가고 싶은 여행지를 이야기했다.

"전주 한옥마을 어떠니? 교복 입고 우정 사진 찍자!"

교복 입은 서로의 모습을 떠올렸는지 돌연 웃음보가 터졌다. "괜찮다.", "너무 재밌겠다." 반응도 좋았다.

"제주도는? 눈꽃 핀 한라산이 그렇게 멋있다며."

다른 친구가 이번에는 제주도를 추천했다. "제주도 좋지.", "그럼 한라산 등반할까?" 제주도 여행도 마찬가지로 호응을 불러일으켰다. 전주 한옥마을도 좋고 제주도도 좋다. 얼추 여행지가 추려진 것 같으니 본격적으로 계획을 세워볼까? 나는 친구들을 둘러보며 말했다.

"자, 회비 걷자. 당장 표부터 예매해야지."

그러자 친구들이 서로를 쳐다보며 난처한 표정을 지었다. 내가 손바닥을 내밀며 회비를 내란 시늉을 하자 작은 목소리로 얼버무렸다.

"그렇다고 당장 표부터 끊는 건……."

"조금 더 알아봐야지."

"날짜 맞추려면 시간도 걸릴 테고."

그러나 나는 친구들과 생각이 달랐다. 이야기한 것을 바로 행동에 옮기고 싶은 사람이 바로 나다. 행동이 따르지 않는다면 아무리 그럴 듯한 계획도 말에 불과하기 때문이다.

몇 년 전 홀로 떠났던 제주도 여행이 떠올랐다. 처음에는 여러 명이 함께 가기로 계획했지만 하나둘씩 이런저런 사정을 대며 빠지고 말았다. 결국 홀로 비행기를 타고 제주도로 가서 한라산 등반을 했다. 마침 전날 눈이 내린 덕에 눈부시게 아름다운 눈꽃을 감상할 수 있었다. 비록 혼자였지만 보고 싶은 광경을 마주할 수 있음에 감사했다. 충분히 만족했다.

물론 더 많은 정보를 섭렵해 차근차근 준비하는 여행이 좋을지도 모른다. 그러나 그 과정에서 마음이 바뀌거나 미뤄버리는 탓에 아예 여행을 가지 못하는 상황이 발생할 수 있다. 일단 그러기로 마음먹었다면 빼도 박도 못하게 실행해 버리는 게 내 철칙이 된 이유다.

행동은 또 다른 행동으로 이어지고 어느새 행동하는 삶은 습관이 되었다. 그 결과 나는 여러 운동을 해봤고 정말 많은 나라를 여행할 수 있었다. 누구보다 인생을 즐겁게 살고 있다.

하고 싶은 걸 미루지 말자. 마음의 소리에 귀 기울이고 내 의사를 존중하는 일은 인생을 즐겁게 사는 가장 쉬운 방법이다.

한편 여행을 즐길 줄 아는 사람은 내가 생각하는 멋진 사람의 유형 중 하나다. 내가 생각하는 멋진 사람은 이런 사람이다.

1. 다음 세대를 생각하는 사람

2. 일하는 사람
3. 친구가 있는 사람
4. 여행을 즐길 줄 아는 사람
5. 내면에 사랑이 있는 사람

앞서 자녀가 내 인생의 원동력이라는 이야기를 했다. 내가 생각하기에 자녀는 나눔, 베풂과 연관돼 있다. 많은 걸 주어도 아깝지 않고 더 주고 싶은 마음을 자녀를 키우면서 배웠다. 또한 자녀는 다음 세대를 의미한다. 사회의 어른이 기반을 잘 닦아 자녀에게, 다음 세대에게 살기 좋은 사회를 만들어주는 게 앞선 자의 도리와 소임이 아닐까 생각하곤 한다. 자녀가 없는 사람에게 그 마음은 기부나 봉사가 될 수 있다.

열심히 일하는 사람은 멋있다. 노동의 가치를 알고 분명한 목표를 갖고 일하는 사람은 정말이지 근사하다. 친구가 있는 사람은 우정을 나눌 줄 안다는 뜻이다. 해를 거듭할수록 마음이 잘 맞는 새로운 친구를 만나기가 쉽지 않다. 친했던 친구들과 좋은 관계를 이어나가는 것만으로도 시간이 부족하기 때문이다.

여행을 즐길 줄 아는 사람은 이 지구별을 샅샅이 탐색하고 싶은 탐험가 기질이 다분한 사람이다. 더 많은 걸 보고 가슴 가득 채우고 온 몸으로 느끼고 싶은 사람 역시 굉장히 멋지다. 마지막으로 오늘날의 나를 있게 한 사랑. 내면에 사랑이 흐르고 있는 사람은 인생을 조화롭게 살 수 있다.

우정의 또 다른 이름

　사람은 무한질주를 할 수 없다. 몇 년 사이 우리 사회의 화두로 떠오른 번아웃 증후군이 그 사실을 뒷받침한다. 번아웃 증후군은 의욕적으로 일에 몰두하던 사람이 극도의 신체적, 정신적 피로감을 호소하며 무기력해지는 현상을 일컫는다.

　단순한 스트레스의 차원을 넘어 자신을 둘러싼 모든 것에 의욕을 잃고 무기력함에 빠진다. 잠을 잘 못 자고 만성피로에 시달리며 자주 우울함을 느껴 대인관계에 어려움을 겪는다. 심한 경우에는 인지기능의 저하 등 다양한 질병을 유발한다고 알려져 있다. 현대병이라고 불릴 만큼 번아웃 증후군을 호소하는 사람이 부쩍 늘었다. 전문가들은 번아웃 증후군을 예방하려면 자신이 소진되지 않도록 스스로 충전할 수 있는 탈출구를 찾는 게 중요하다고 말한다.

내 경우에는 친구들이 발출구 역할을 하고 있다. 특히 고향 친구들과 학창 시절에 사귀었던 친구들은 일종의 쉼이다. 그들을 떠올리면 되약볕을 막아주는 튼튼한 파라솔이나 아름드리나무의 시원한 그늘이 연상된다. 그 앞에서는 내가 어렵고 힘든 처지에 놓여 있거나 부족하고 못난 모습이어도 나를 있는 그대로 내보일 수 있다. 잘 보이려고 노력하지 않아도 되고 내 과거를 속속들이 알고 있기 때문에 나를 포장하려고 애쓸 필요가 없다.

성인이 되면 사람은 누구나 사회인이라는 가면을 쓰고 나를 숨기게 마련이다. 보정 속옷을 입은 것처럼 갑갑하고 긴장의 끈을 놓을 수 없다. 그러나 어릴 때 친구들을 만나면 팽팽하던 긴장이 한순간에 풀리고 마음이 누그러진다. 여름이면 참외나 수박을 서리해 먹던 일, 친구 집에서 먹었던 어머님표 된장찌개를 입에 올리는 것만으로도 그때 그 순간으로 돌아간 듯 편안함을 느낀다. 마치 피터팬 증후군을 앓는 어른 아이가 된 것만 같다.

그래서일까, 고향 친구들과 학창시절 친구들을 만나면 주로 과거 이야기를 하게 된다. 다 같이 과거로 되돌아가 추억을 회상하고 행복을 공유할 때가 많다. 사람은 현재를 살고 미래를 향해 나아가야 하지만 과거에 머무는 일이 마냥 나쁜 것만은 아니란 걸 이 친구들을 통해 배웠다.

고단한 일상에 지쳤을 때 과거를 끄집어내며 말간 얼굴로 웃을 수 있다는 건 잠시라도 내가 어려진다는 의미이기 때문이다.

사회에서 만난 친구들은 아무래도 나와 비슷한 분야의 일을 하거나 관심사가 비슷한 경우가 많다. 그러나 어릴 적 친구들은 하는 일이 제각각이다. 공통분모를 찾기도 쉽지 않다. 미래를 이야기하기보단 과거에 머물러 추억을 곱씹는 이유이기도 하다. 대신 서로를 응원하고 격려하는 둘도 없는 지지자가 되어준다. 고향 친구들이 내게 자주 하는 말이 있다.

"너 그렇게 잘 될 줄 알았어."

"옛날에도 사람들 앞에 나서는 거 좋아하더니 역시 끼는 못 숨겨."

"너는 정말 말을 잘해. 네가 해주는 이야기가 제일 재밌다."

소풍날 친구들과 선생님 앞에서 노래를 부르고 사회를 보던 정윤숙을 기억하는 사람들이 바로 그들이다. 친구들의 격려는 내게 큰 힘이 되고 더 잘하고 싶은 동력을 불어넣는다. 튼튼한 파라솔과 시원한 나무그늘에서 늘어지게 낮잠을 자고 나면 머리가 맑아지고 기운을 차릴 수 있는 것처럼.

한편 학창시절을 같이 보내며 어울려 놀았던 친구들은

서로의 끼와 재능을 일찌감치 알아보았다. 친구들이 내 입담을 칭찬하고 격려하는 것처럼. 공부에는 영 소질이 없고 말썽만 피운 것 같던 친구들도 지금은 한 회사의 대표로 건실한 사업체를 운영하는 경우가 많다. 내 기억 속의 그들은 공부는 좀 못했을지 몰라도 친구들을 살뜰히 챙기고 또래보다 생각이 깊고 성숙했다. 공부로만 판가름하자면 문제아 반열에 오르겠지만 교우관계나 특정 분야에 대한 관심사에서만큼은 전혀 문제아가 아니었다. 한 마디로 개성이 넘치는 아이들이었던 셈. 누가 시켜서 공부하는 게 아니라 진로와 인생에 대한 선택권을 자신이 가진 결과, 그들은 발 빠르게 자신의 길을 개척했고 사람들을 이끄는 리더가 되었다.

한 친구는 고등학교 졸업 후 남들이 다 대학에 진학할 때 일찌감치 일을 시작했다. 남들보다 몇 년이라는 시간을 더 벌었고 자기 사업을 열심히 일구어 마흔이 넘어서 대학에 진학했다. 자신이 공부하고 싶은 분야가 바로 그때 눈에 들어왔던 것이다. 학창시절에 공부를 잘하고 모범적인 학생이 결코 모범적인 인생을 사는 건 아니다.

영향을 주고받는 사람

고향 친구와 학창시절 친구가 쉼이자 휴식이라면 지금 만나고 있는, 사회에서 만난 친구들은 동반자이자 조력자이다. 과거의 친구들이 대체로 동갑내기인 반면 이 친구들은 열 살 아래부터 열 살 위까지 나이대가 폭넓다. 열두 살 차이나는 친구와는 '띠 동갑도 동갑'이라는 우스갯소리를 하곤 한다.

나보다 나이가 적은 친구들은 트렌드에 민감하다. 적게는 10살, 많게는 17살까지 차이가 나는데 내게 '신문물'을 알려주는 일등공신이다. 그 친구들 덕분에 유튜브와 SNS를 배웠고 젊은 감각을 깨우쳤다. 검색에 도가 튼 대가들이라 내가 생각지도 못한 정보를 알려줄 때도 많다.

또래를 만날 때는 내 나이에 맞는 옷을 입는다. 여기서 말하는 옷은 몸에 걸치는 의상뿐 아니라 상황과 장소를 의미한다. 또래 친구들은 과감한 옷으로 무리수를 두거나 비효율적인 일을 감행하지 않는다. 그러나 어린 친구들은 커피 한 잔을 마시고자 두 시간을 운전해 교외의 멋진 카페로 향한다. '인생 샷'을 건지는 방법을 알고 있으며 그렇게 찍은 사진을 SNS에 업로드 해 추억을 쌓고 일상을 공유한다. 단순히 커피를 마시는 게 아니라 분위기를 즐기고 사진을 남기는 게 요즘 젊은 친구들의 옷이자 삶인 것. 어린 친구들과 어울리면서 그런 문화를 자연스럽게 습득한 덕에 나는 또래 사이에서는 꽤나 '신세대' 취급을 받는다.

나보다 나이가 많은 친구들은 아무래도 경험이 많고 지혜와 연륜 또한 상당하다. 나이 많은 친구들을 만날 때면 늘 배우는 마음이 되고 나를 돌아보게 된다. 나보다 앞선 시간을 보낸 그들이기에 인생에는 다 때가 있고 그 시기를 놓치면 결코 되돌아갈 수 없다는 것을 강조하곤 한다. 지금 이렇게 책을 쓰고 있는 것 역시 친구의 조언 덕분이었다. 내가 언젠가 책을 쓰고 싶다고 이야기하자 그가 말했다.

"왜 지금 쓰지 않고요?"

"나중에요. 조금 더 경험이 쌓이고 연륜이 생기면 그때 쓰고 싶어요."

"지금과 나중은 달라요. 그러니 지금 쓰는 이야기와 나중에 쓰는 이야기 역시 달라지겠죠. 지금 할 수 있는 이야기를 먼저 하고 나중에는 또 다른 이야기로 책을 쓰면 됩니다."

나는 그의 말에 크게 공감했고 곧장 책 쓰는 일을 행동으로 옮겼다. 시간이 걸리고 진행이 더디더라도 지금 할 수 있는 일을 놓치지 말자고 되새겼다. 놓친 기회는 절대 다시 오지 않는다. 다른 기회가 올 수는 있지만 결코 같은 기회가 아니라는 사실을 나 역시 잘 알고 있기에 가능한 선택이었다.

나이가 어릴 때는 부모님이나 선생님처럼 나보다 나이가 많은 윗세대를 올려다본다. 부모님과 선생님 말씀에 크게 영향을 받고 하루 빨리 그들처럼 어른이 되길 바란다. 그러나 해가 거듭되고 나이를 먹을수록 반대로 나보다 나이 어린 사람을 내려다보게 된다. 한 살이라도 어린 게 큰 무기라도 되는 양 아랫세대를 부러워한다. 그리고 내 나이쯤 되면 위도 아래도 아닌 자기 자신을 봐야 한다고 생각한다. 주변과 친구들을 보면서 자신을 돌아보고 그런 성찰로 스스로를 성장시켜야 한다. 어른이 되어서도 여전히 친구가 필요한 이유다.

그러나 마음에 사랑이 없는 사람은 친구를 원하지 않는다. 친구를 비교 대상으로 생각하므로 시기나 질투, 경쟁심이 생기고 그런 만남은 괴로움을 불러일으킬 뿐이다. 친구를 만날 때는 지친 일상에서 벗어나 편안함을 느끼거나 기쁨과 슬픔을 나눌 수 있어야 한다. 내 결함을 보이며 위로받기도 하고 나보다 나은 모습을 친구로부터 배우기도 한다. 마음에 사랑이 있어야 가능한 일이다.

내가 오늘을 즐겁게 살아가는 이유는 내일 또 다른 친

구를 만날 수 있다는 희망 때문이다. 친구는 이제 내 인생의 중요한 키워드로 자리매김했다. 이성 친구를 만난다면 여기에 설렘이 더해질 터. 철없던 시절에는 연애할 때 이성 친구를 소유하려고 했지만 이제는 편안한 마음으로 상대를 대할 수 있게 됐다. 한 사람이 내게 오는 건 어마어마한 일임을 깨닫게 된 덕분이다. 친구들이 곁에 있고 새로운 친구를 만날 희망이 있기에 나는 오늘도 가슴 벅찬 충만함을 느낀다.

고소공포증을 무찌른 여행의 묘미

 직장인이라면 누구나 월요병을 갖고 있다. 금요일 저녁에 가장 활기가 넘치고 일요일 저녁부터 시름시름 앓는다는 바로 그 병. 아직 토요일이 채 지나가지도 않았는데 '다음 한 주를 또 어떻게 보내지?', '주말이 안 갔으면 좋겠다.'라는 생각으로 월요일 출근을 걱정하고, 주말을 온전히 즐기지 못하는 게 월요병의 대표적인 증상이다. 직장인의 숙명과도 같은 이 병은 내가 생각하기에 일을 한 주(週)의 중심으로 생각하기 때문에 나타나는 것 같다.
 나는 월요병이 없다. 내가 하는 일이 사무실에 온종일 앉아 근무하는 형태가 아닌 터라 그럴지도 모르지만, 내게 한 주일의 중심은 일이 아닌 주말에 보낼 즐거운 시간이다. 월요일부터 금요일까지 일을 하면 주말동안 친구들과 여행을 가거나 가족끼리 즐거운 시간을 보낼 수 있으므로 평일동안 그 이틀을 기다리는 마음을 온전히 즐기는 편이다. 월요병을 무찌르는 큰 비법은 아니지만 이처럼 생각을 전환하면 주말을 잘 보내기 위해 닷새간 일을 하는 건 아무 것도 아닌 듯 가벼이 느껴진다.

그런 점에서 내게 여행은 닷새간 일한 끝에 얻는 주말과도 같다. 규칙적으로 운동하는 몸이 좋은 사람 중에 간혹 '먹기 위해 운동한다.'는 부류가 있는 것처럼 어쩌면 나 역시 여행을 가기 위해 열심히 일을 하는지도 모른다.

당장 다음 달에 여행을 계획하면 나는 제일 먼저 달력에 디데이를 표시한다. 빡빡한 스케줄로 가득한 다이어리지만 '여행'이라는 두 글자를 적은 칸이 생기면 남은 시간 동안 즐겁게 일할 수 있는 힘이 솟는다. 물론 일상을 벗어나 여행지에서 얻게 되는 여행 특유의 즐거움 또한 상당하지만 여행을 가기 전부터 한껏 기대에 부풀어 있으니 여행은 여러 모로 내게 활력을 주는 셈이다.

고생해도 여행, 무조건 여행

누구나 여행을 떠날 생각을 하면 설렌다. 유치원생도 소풍가기 전날이면 기대감에 부풀어 잠을 이루지 못하고 아무리 나이 든 노인일지라도 사랑하는 가족과 바깥바람 쐴 생각에 슬며시 입가에 미소를 띠운다. 남녀노소를 막론하고 여행이 설렘과 동의어라는 데 반대할 사람은 없을 터. 그러나 여행은 결코 기쁘고 즐거운 일의 연속만은 아니다. 주말을 위해 평일동안 일을 해야 하는 것처럼 여행으로 기쁨을 얻으려면 대체로 고생이 수반되기도 한다.

사람들과 여행을 하다 보면 자주 접하는 탄식 중의 하나가 "왜 이렇게 힘들지?"라는 말이다. 더운 나라에서는 습한 날씨에 꿉꿉함을 느끼거나 더위에 지치는 게 당연한 현상이다. 마찬가지로 추운 곳에서는 온 몸이 아릴만큼 추위에 떠는 게 당연하다. 그러나 무더운 여행지에서 덥다고 인상을 쓰며 짜증을 내는 경우를 참 많이 접했다. 그럴 때면 나는 슬그머니 혼잣말을 한다. '집에 가만히 있으면 힘들 일이 없을 텐데….'라고 말이다. 시쳇말로 '집 떠나면 개고생'이라는 말도 있지 않은가.

여행을 가는 이유는 사람마다 다르겠지만 내 경우에는 일상에서 보기 힘든 새로운 광경을 마주하고 다양한 감정을 느끼기 위해서다. 여기서 중요한 점은 새로운 경험이 꼭 '핑크빛'이란 보장은 없다는 것.

이를 테면 공항버스를 타는 순간 나는 설렘을 느낀다. 그러나 공항에 도착해 비행기를 기다릴 때엔 얼마간 지루함이 찾아온다. 비행기 티켓을 발권하고 보안 검색대를 통과하는 줄이 길어질 때면 말이다. 또한 여행지가 먼 곳이라면 장거리 비행을 하면서 찌뿌둥한 몸 상태와 피곤에 쉬이 지치기도 한다. 그러나 착륙하는 순간, 그간의 불편한 감정은 씻은 듯 사라지고 또 다시 설렘이 찾아온다. 단편적인 예이지만 내게 여행은 이처럼 설렘과 힘듦이 공존하는 과정이다. 그리고 불편하고 고생한 여행일수록 여행지에서 돌아온 다음 더 기억에 오래 남는 경우가 많았다. 편하고 쉬운 여행은 새로움이랄 게 전혀 없어서 금방 뇌리에서 잊히는 모양이다.

그런 점에서 인생과 여행은 비슷한 구석이 있다. 인생이라는 게 요람에서 무덤으로 이르는 일종의 여정인 까닭에 여행이 즐거운 건 아닐까.

어느 여행 가이드가 말하길 여행의 성공을 좌우하는 요인은 날씨와 동행이라고 한다. 아무리 좋은 여행지일지라도 궂은 날씨가 이어진다면 여행지를 만끽하지 못할 테니까. 또한 날씨 운이 좋아도 누구와 함께 여행 하느냐에 따라 분위기나 느낌이 또 달라진다.

날씨와 동행 중 내가 조금 더 우위에 두는 요인은 동행. 여행하는 과정은 힘듦과 설렘의 연속이었지만 누구와 함께 시간을 보내느냐에 따라 고생이 전혀 수고스럽지 않을 수 있다는 걸 여러 차례 경험했다.

그동안은 가보지 못했던 곳, 너무 좋아서 다시 가고 싶은 곳 위주로 여행하는 방식을 택했다면 앞으로는 국내든 해외든 휴양이든 관광이든 누구와 여행을 갈지 고려하는 여행을 계획해볼 생각이다. "이번 주에 제주도 가기로 했지! 지난번에 맛있게 먹었던 고기 국수를 다시 먹고 이번에는 산책을 많이 해야지."라고 생각하는 것도 분명 즐겁고 설레지만, "이번 주에 후배들과 제주도에 가기로 했지! 사진 찍는 걸 좋아하고 맛집 정보에 빠삭한 친구들이라 어쩌면 또 다른 여행이 될지도 모르겠네."라고 생각하는 건 또 다른 여행 방식이 될 것이므로.

고군분투 여행 일지

그동안 참 많은 곳을 다녔다. 머릿속으로 헤아려보니 30여 개국쯤 된다. 그 중 하와이는 다섯 번을 다녀왔고 발리와 코타키나발루, 보라카이는 두 번씩 다녀왔다. 미국 여행 때는 7개 주를 차로 돌고 캐나다로 이동해 죽기 전에 꼭 봐야 한다는 자연 절경인 나이아가라 폭포를 봤다. 웬만한 여행지를 다 다녀본 덕에 내겐 여행 관련 에피소드가 참 다양하다.

가장 인상적인 여행을 묻는다면 알래스카 크루즈 여행을 꼽고 싶다. 여행을 앞두었을 무렵 갑자기 우면산 산사태가 벌어서 출발 전까지 갖은 고생을 했기 때문이다. 백 년 만의 폭우였고 집중호우가 쏟아지면서 주택과 도로가 침수되고 강남 일대에 물난리가 났다. 엎친 데 덮친 격으로 산사태가 발생해 곳곳의 집이 무너지고 인명 피해까지 있었다.

당시 우리 가족은 피해 지역 근처에 살고 있었다. 집이 침수되지는 않았지만 싱크대와 화장실이 역류했고 현관문으로는 바깥의 물이 들어와 부엌까지 흥건히 젖었다. 여행 가기 바로 전날까지 나는 흙을 쓸고 물을 퍼내는 생고생을 해야 했다. 출발 직전의 설렘을 느낄 겨를도 없이 비행기를 탔다.

크루즈 여행은 미국에 일주일간 머물고 바로 캐나다로 이동하는 일정이었다. 미국에 머물 동안은 괜찮았는데 캐나다로 가는 비행기를 타자마자 갑자기 다리에 마비 증상이 나타났다. 쭈그리고 앉아 무리해 청소를 했던 게 화근이었는지 제대로 서 있을 수조차 없었다. 할 수 없이 나는 휠체어를 타고 이동해야 했다. 여행지에서 휠체어라니, 난감하고 당황스러운 기억이 아직도 선명하다.

그러나 그보다 더 강렬한 기억은 따로 있다. 바로 알래스카의 거대한 빙산이 무너져 내리는 장면이다.

빙산은 다채로운 옥빛이었다. 얼음 덩어리일 거란 예상

과 달리 빛을 받는 면이 영롱하게 빛났고 눈이 부실 만큼 아름다운 장관을 연출했다. 나는 감격한 듯 눈앞의 절경을 감상하고 있었다. 바로 그때 빙산이 눈앞에서 꽝꽝 소리를 내려 무너져 내렸다. 벼락이 치는 듯, 지구를 쪼개는 것 같은 소리에 가슴이 서늘해질 정도였다. 마치 환경오염과 지구온난화를 경고하는 우주의 경종처럼 느껴졌다. 두려움과 아름다움이 공존하는 그 장면은 서울에서 생난리를 겪고 휠체어에 올라 도착한 여행과 어딘지 모르게 비슷한 구석이 있었고 인상적인 기억으로 남았다.

한 번은 딸과 코타키나발루 여행을 계획했다. 이전에 코타키나발루 여행을 하면서 보았던 반딧불이의 장관이 잊히지 않아서 딸에게 함께 가자고 이야기한 여행이었다. 일찍감치 짐을 꾸려 놓고 거실에서 마음 놓고 여행 갈 설렘에 젖어 있을 무렵 딸이 물었다.

"엄마, 몇 시 비행기라고요?"

나는 당당하게 세 시 비행기라고 이야기해 주었다. 그러자 아무래도 못 미더운지 딸이 비행기 티켓을 보여 달라고 했다.

"세 시는 도착시간이에요, 엄마!"

맙소사! 내가 비행기 출발 시간을 도착 시간으로 잘못

보고 착각하고 있었던 것이다. 시차가 적은 나라인 게 불행 중 다행이었다. 우리는 부랴부랴 집을 나섰다. 깜짝 놀란 마음이 채 진정되지도 않은 상태로 차를 운전하던 중 이번에는 주유 불이 깜빡이기 시작했다. 조금만 더 가면 인천공항인데 도착을 앞두고 문제가 생긴 것이다.

영화 <미션 임파서블> 마냥 딸이 스마트폰으로 근처 주유소를 검색하고 나는 샛길로 차를 몰았다. 아슬아슬하게 탑승 게이트에 도착해 무사히 비행기를 타긴 했지만 그때를 생각하면 아찔한 긴장이 다시금 느껴진다.

결국 비행기를 놓쳐 표를 다시 끊었던 일화도 있다. 그 여행은 제주공항에서 집결하는 일정이었다. 일행 중 김포에서 제주로 출발하는 사람은 나뿐이었지만 국내선을 타는 일쯤이야 대수롭지 않게 여겼다. 지하철 김포공항역까지 무사히 도착했지만 역에서 김포공항으로 향하는 길을 헤맨 탓에 시간이 지체되고 말았다. 출발 20분 전까지 탑승을 마쳐야 하는데 내가 탑승구에 도착한 시간은 15분 전. 간발의 차로 비행기를 탈 수 없었다. 서둘러 다른 비행편을 알아봤지만 당일에는 노선도 좌석도 없었다. 대안은 딱 하나였다. 김해에서 다음날 제주로 가는 방법. 나는 어쩔 수 없이 김해로 향했고 김해공항에서 다음날 새벽 제주로 가는 비행기 표를 다시 끊었다.

어떻게든 비행기를 타면 다행이지만 떠나지도 못한 여행도 있었다. 태국 코사무이 여행을 앞둔 때였다. 당시 일이 너무 바빠 출발 당일 새벽에야 짐을 꾸릴 수 있었는데 캐리어를 싸고 마지막으로 여권을 챙기려는데 아무리 찾아도 여권이 보이지 않았다. 동 틀 무렵까지 집을 샅샅이 뒤졌지만 끝내 찾지 못했고 날이 밝자마자 못 간다는 비보를 전한 씁쓸한 기억이 있다.

'오 놀라워라!' 여행의 기적

다이내믹한 에피소드도 무시할 수 없지만 여행이 각별한 이유는 새로운 나를 발견하는 기회가 되기 때문이다.

나는 고소공포증이 심하다. 아파트 1, 2층에서만 16년을 살았을 정도인데, 현재는 주택에 살고 있다. 높은 데라면 아예 오르지도 못하고 겁부터 집어 먹는다. 그런 내가 여행지에서는 패러글라이딩을 하고 짚라인을 탄다고 말하면 믿을 사람이 과연 몇이나 될까? 아마 서울에서라면 절대 하지 못할 일이었을 것이다. 여행은 고소공포증이 있다는 말이 무색할 만큼 나를 도전하게 만든다는 점에서 엄청난 매력을 가지고 있다.

하와이에서 탄 짚라인을 특히 잊지 못한다. 열 번 정도

왕복하는 코스였는데 내개 첫 번째 라인이 가장 높고 가파른 경사를 건너가는 코스로 제일 무섭다. 첫 번째 코스를 간신히 넘기고 두 번째 라인을 타던 중 지나치게 긴장한 탓인지 짚라인이 도중에 멈춰버렸다. 계곡 꼭대기에 대롱대롱 매달렸던 내 모습을 상상하면 정말이지 지금도 입이 떡 벌어질 만큼 무섭다. 현지 가이드가 줄을 타고 와서 나를 끌어내리는 사태가 벌어졌지만 나는 포기하지 않고 열 개의 라인을 무사히 탔다. 사실 여덟 번째쯤부터는 재미가 붙어 제법 즐기기도 했다. 최근 하와이에 다시 가서 짚라인을 탔는데 여전히 무섭긴 했지만 처음 탔던 때에 비하면 훨훨 날아다닌 수준이었다.

우리나라 놀이동산에서는 무서워서 절대 못 타는 놀이기구도 디즈니랜드에서라면 가능하다. 청룡열차까지 도전했는데 아마 서울에서 그걸 탔다면 기절하고 말았을 터이다.

겁이 많은 편이라 나는 수영도 못한다. 그러나 여행지에서는 스킨스쿠버를 했다. 내가 산소통을 매고 10분 넘게 잠수를 하다니! 수면 아래에서 보았던 물고기들의 아름다운 움직임 역시 잊지 못할 장관이었다.

이처럼 여행지에만 가면 나조차도 낯설 만큼 새로운 도전을 감행하게 되고 신기하게도 그게 가능했다. '할 수 있다.'는 걸 인지하자 평소라면 하지 못할 일에 도전하는 게 나만의 여행 방식이 되었다. 내가 가진 한계에 도전하는 여행이랄까. 그런 식의 여행이 반복되자 여행은 내게 도전의 장이 되었다. 도전한 결과는 짜릿했고 평소에는 접하지 못할 선물 같은 감동을 선사했다. 앞으로 가보고 싶은 여행지가 있다면 뉴질랜드와 호주를 꼽는다. 아프리카 케냐도 꼭 한 번 다녀오고 싶다.

한편 내게 여행은 인생의 축소판 같다. 내가 인생을 대하는 태도와 여행하는 방식이 닮아 있다. 포기하지 않고 어떻게든 끝까지 가본다는 점이 특히 그렇다. 코타키나발루 여행 때 아슬아슬하게 주유소를 찾고 촉각을 다투며 비행기를 탄 것처럼 인생은 어떻게든 예약한 비행기를 타야 하는 과정인 셈. 누군가는 티켓을 취소하거나 다음 편으로 비행기를 미루기도 하지만 나는 포기하지 않는다. 할 수 있는 한 최선의 노력을 다한다.

인생이 미룰 수 없는 비행기 티켓을 예매해놓은 것과 같은 상황이라면 현재에 충실한 삶을 살게 만드는 채찍이자 여행을 떠날 때까지 즐거움에 부풀 수 있는 당근이다. 채찍과 당근의 조합은 말하지 않아도 알 터.

'되는' 버킷리스트의 비밀

　직업 특성상 차림새에 신경을 쓰지 않을 수 없다. 사람을 많이 만나고 대중 앞에 설 기회가 잦은 이유로 상황이나 장소에 맞춰 코디하는 데 이젠 제법 도가 텄다. 게다가 옷을 좋아해 이런저런 스타일을 많이 시도해보고 입고 싶은 스타일의 옷도 서슴없이 도전하는 편이다. 그래서인지 주변 사람들로부터 부러움을 살 때가 많다.
　"저도 미니스커트 입고 힐 신고 싶어요. 그런데…."
　"찢어진 청바지 제 나이에도 괜찮을까요?"
　부러움을 표현하는 사람들의 공통점은 '나도 입고 싶다.'는 것이기에 내 대답은 한결같다.
　"한 번 입어보세요."
　직접 입고 눈으로 확인해야 그 옷이 자신에게 어울리는지 그렇지 않은지 알 수 있다. 그러나 당장이라도 미니스커트와 찢어진 청바지를 사러 갈 기세를 보이던 사람들도 막상 행동으로 옮기자고 이야기하면 소극적인 모습을 보이기 일쑤였다. 자신의 나이나 직책을 핑계대고 주변 사람의 시선을 의식하는 뉘앙스로 거절의 의사를 밝히곤 했다.

최근 몇 년 사이 'YOLO(욜로)'가 새로운 사회 풍조로 등장했다. 'You Only Live Once(인생은 한 번뿐이다)'라는 문구에 맞춰 현재 자신의 행복을 가장 중시하는 라이프 스타일이 각광받았다. 동시에 '버킷리스트'도 다시 주목받기 시작했다. 미래를 위해 현재를 희생하는 삶의 방식이 아니라 하고 싶은 걸 시도하는 인생의 중요성이 대두된 것.

행동하는 삶을 추구하는 나로서는 여간 반가운 일이 아니었다. 강연장에서 다 같이 버킷리스트를 작성하는 시간을 마련했고 서로의 버킷리스트를 공유하며 꿈을 이야기하는 자리를 가졌다. 그런데 사람들이 작성한 목록을 볼 때마다 나는 의아해지곤 했다.

'이걸 해보겠다고?'

'이게 과연 가능할까?'

이런 의구심이 생겼기 때문이다. 이를 테면 동네 뒷산에도 잘 오르지 않는 사람이 에베레스트 등반을 꿈꾸고, 국내 여행도 안 다니는 사람이 유럽이나 미국 배낭여행을 계획하는 식이었다. 부끄럽고 창피한 이유로 당장 미니스커트도 입지 못하는데 드레스를 입고 화보 촬영을 꿈꾼다면 과연 가능할까?

　버킷리스트의 사전적 의미는 '죽기 전에 꼭 해보고 싶은 일의 목록'이다. 사람들이 '죽기 전'이라는 단어에 집중한 나머지 막연한 먼 미래의 일을 기약한 게 문제였다. 지금 당장 실천할 수 없는 목록이었기에 내 눈에는 죽기 전에도 결코 시도하지 못할 일들로 보였던 것.

　버킷리스트는 '죽기 전'이 아니라 '해보고 싶은 일'에 집중해서 작성해야 한다. 해외여행을 한 번도 안 가본 사람이라면 죽기 전에 미국이나 유럽에 가고 싶다고 말할 게 아니라 이번 주말에 당장 서해 바다라도 보고 오는 게 우선이다. 지금 당장 실천할 수 있는 일들로 버킷리스트를 작성한다면 금세 목표한 분량을 달성하고 그보다 한 단계 발전한 계획을 구상할 수 있을 터. 유행처럼 번진 제주도에서 한 달 살기도 마찬가지다. 주변에서 너도 나도 제주도에서 살아보고 싶다고 말했지만 직접 제주도에서 한 달 살기를 실천한 사람은 드물었다.

　중년을 넘기면 몰라서 못하는 일은 거의 없다고 봐야 한다. 직접 경험한 것이든 간접 경험한 것이든 그 나이까지 상당한 경험을 축적했으므로 행동할 일만 남았다고 생각한다. 내 경우에는 결혼하고 이혼도 했다. 아이를 낳아 독립시켰으며 무수히 많은 돈을 벌고 또 그만큼 잃어봤다. 직접 경험한 일만 해도 다이내믹한데 나보다 나이가 많거나 적은 친구들로부터 간접적으로 들은 이야기, 책과 교육 프로그램으로 접한 사례와 해외여행에서 만난 각국의 사람들 이야기까지 더하면 꽤 방대한 양의 데이터가 쌓인 셈이다.

그래서인지 이제부터가 내 진짜 전성기라는 생각을 자주 한다. 그동안의 경험을 바탕으로 행동하는 시기 말이다. 지금 나이로는 아직 청년이지만 여전히 '그러고 싶다.'는 희망만 이야기하는 사람이라면 열정이 없는 사람이라고 봐도 무방하다.

차근차근 미래를 계획하고 꿈꾼다 해도 현실이 따라주지 않거나 시대가 변하면서 꿈이나 계획이 하루아침에 구식이 되어 버릴 수 있다. 단순히 개인적인 심정의 변화가 생길 수도 있다. 어떤 계기로든 변화가 일어날 수 있기 때문에 꿈은 고정된 성질이 아니라 현재진행형의 상태다. 얼마든지 바뀔 수 있지만 한 가지 고정 불변의 법칙이 있다면 행동하지 않으면 결과 또한 없다는 것. 내가 행동하는 사람을 꿈꾸는 이유다.

내 꿈은 현재진행형

아들은 요즘 피아노를 배우는 데 단단히 재미가 들렸다. 강습이 없는 주말에도 혼자서 3시간씩 피아노를 치다 온다. 피아노 치는 일이 돈벌이가 되는 것도 아니고 지금부터 피아노 연주에 매진한다 해도 결코 피아니스트가 될 수 없는데도 말이다. 아들에게는 그저 피아노를 치는 일이 즐겁고 가슴 뛰는 순간인 것이다.

나 역시 마찬가지였다. 기타와 크로마 하프를 배우고 탁구, 승마, 골프, 탭댄스 등 온갖 운동을 시도한 이유는 재밌을 것 같고 그저 하고 싶었기 때문이다. 한 가지 고백하자면 지금도 꾸준히 하는 운동이나 제법 잘 다루는 악기는 없다. 내게 중요한 건 '하고 싶은 마음'이었다. 잘하지 않아도 상관없었고 꾸준히 하지 못해도 개의치 않았다.

혹자는 '하나라도 진득하게 배우는 게 낫지 않나요?'라고 질문할지도 모르겠다. 그러나 나는 '하다가 말 수도 있지'라고 생각하는 사람이다. '내가 이걸 꾸준히 할 수 있을까?' 또는 '내가 이걸 잘할 수 있을까?', '괜히 돈 낭비 하는 게 아닐까?'라는 마음이야말로 행동을 가로막는 악마의 속삭임이기 때문이다.

내게는 고단한 하루 일과를 마치고 탁구를 치거나 탭댄

스를 추러 갈 수 있다는 사실 자체가 즐거움이었다.
'오늘은 또 어떤 새로운 스텝을 배울까?'
호기심에 마음이 부풀고 네트를 사이에 두고 사람들과 하루치 피곤을 탁구공에 날려 보내며 수다를 떠는 일. 그것만으로도 충분했다.

때로는 그 어떤 대의나 명분보다 '하고 싶은 마음'을 최우선하는 일도 필요하다. 자기 마음의 소리에 귀를 기울이고 아주 작은 목소리라도 흘려듣지 않는 일은 자신을 존중하고 아끼는 가장 손쉬운 방법이다.

지금 내 마음은 가까운 미래에 아담한 집 한 채를 갖고 싶다고 말한다. 서울이든 근교든 사람들이 오고가기 쉬운 곳이면 오케이. 마당이 딸린 아담한 집을 얻어 아늑한 공간으로 꾸미고 싶은 바람을 품고 있다. 누구든 이 집에서 쉼을 얻을 수 있길 바라는 이유로.

무수히 많은 돈을 잃어본 경험이 있지만 또 그만큼 많이 벌기도 했다. 그리고 그동안은 필요에 따라 그 돈을 소비했다. 그러나 앞으로는 돈을 벌어서 베푸는 삶을 실천하고 싶다. 정확하게는 필요한 자를 돕고 싶다.

이를 테면 지금 당장 천만 원이 필요한 사람에게 조건 없이 그 돈을 빌려주는 것이다. 돈을 빌린 사람이 그 돈을 갚으면 돈이 필요한 또 다른 사람이 다시 돈을 빌려가는 식이다. 어제까시만 해도 부유했던 사람이 하루아침에 부도 위기에 처해 당장 1억을 마련해야 할 때, 그의 수중에 9천만 원이 있더라도 천만 원이 부족하면 1억을 만들지 못해 부도를 피할 수 없게 된다. 이때 누군가 천만 원을 보탠다면 비록 10분의 1에 해당하는 금액일지라도 1억을 도와준 것이나 다름없다. 98℃로는 절대 물이 끓지 않고 나머지 2℃의 힘으로 물이 끓는 것처럼. 당장 필요한 순간에 필요한 만큼 도왔을 때 그 사람 역시 다른 사람에게 그런 도움을 베풀게 되지 않을까?

지금 내가 하는 일도 이와 비슷하다. 나는 열정이 없는 사람들에게 열정을 강요하지 않는다. 없는 열정을 만들어내는 마법사가 아니기 때문이다. 열정을 가진 사람들이 자신의 일을 더 잘하고 싶은데 그게 여의치 않을 때 조력자가 되어줄 뿐이다. 열정에 기름을 부어 더 활활 타오르게 만드는 식이랄까.

앞선 희망은 멀지 않은 미래에 내가 계획하고 있는 일 중 하나다. 그러나 10년 뒤에는 내 꿈이 또 어떻게 변할지 나조차도 알 수 없다. 지금보다 몇 단계 업그레이드 될 수도 있고 아예 방향이 달라질 수도 있다. 10년 뒤에 이 책을 다시 펼쳤을 때 적어도 부끄럽지 않길, '그동안 나 잘 살아왔구나.' 하는 생각을 할 수 있다면 그것만으로도 충분하지 않을까 생각한다.

정윤숙은 '무한 긍정'의 아이콘이다
-정은상(『창직하라 평생직업』,『창직이 답이다』,『마법의 코칭』저자, 맥아더스쿨 교장)

나이 차가 무색한 친구
-윤순(멜라루카 직장 동료)

브라보 유어 라이프
-안영복(20년 지기이며 언니 같은 친구)

언제나 함께 하고 싶은 사람
-James Chang(JC Leadership Academy, JC Global L.L.C. 대표)

우리들의 영원한 소녀
-최해진(멜라루카 직장 동료)

열정, 정윤숙의 또 다른 이름
-안방환(KPMC & 평촌포럼 대표)

세상에서 가장 자랑스러운 사람
-은미(딸)

윤숙이는 싸웠노라, 달렸노라, 지켰노라
-정병윤(작은아버지)

6장
나에게 띄우는 편지

정윤숙은 '무한 긍정'의 아이콘이다

정은상
(『창직하라 평생직업』,『창직이 답이다』,『마법의 코칭』저자, 맥아더스쿨 교장)

정윤숙 저자를 만나면 나도 모르게 기분이 업(up)된다. 왜일까? 굳이 말로 하지 않아도 상대방의 마음을 움직이는 묘한 매력을 갖고 있기 때문이다. 외모에서 풍기는 멋도 있지만 대화를 이어가다 보면 상대방을 배려하는 마음이 내면에서 우러나오는 게 은근히 느껴진다.

깊은 배려심은 자존감과 자신감에서 표출된다. 그리고 어려움을 겪어본 사람은 이심전심 다른 사람의 어려움과 아픔을 이해하고 자연스럽게 배려하는 마음으로 나타난다.

종종 내면세계가 충실하지 못하면서 외부 치장만으로 자신을 화장하고 '오버 액션'하는 사람들이 있지만 정윤숙 저자는 그렇지 않다. 자유를 만끽하면서도 몸과 마음을 절제할 줄 안다고 해야 할까? 그렇게 다른 사람을 너무 배려하다가 때로는 힘든 상황에 봉착하기도 한다.

하지만 겉으로 자신의 힘든 상황은 내색하지 않고 속으로 삭히는 능력을 갖고 있다. 정윤숙 저자의 강연을 직접 듣지는 못했지만 전해 듣는 이야기로는 단상에서 방방 뜨며 스토리텔링으로 강연하는 것으로 정평이 나 있다.

미리 짜 놓은 각본에 따라 슬라이드를 만들어 놓고 하는 그런 강연이 아니다. 상황과 청중의 수준이 따라 맞춤식 강연을 거뜬히 해내는 슈퍼우먼이다. 특히 정윤숙 저자는 감성 소통에 능하다. 그렇게 많은 강연을 하면서도 남의 말을 귀담아 듣는 겸손한 경청자의 태도를 보여준다. 사실 말을 많이 하는 사람은 실수가 많고 떠벌이일 가능성이 높다. 한 마디로 말 따로 행동 따로인 경우가 많다는 뜻이다. 하지만 정윤숙 저자는 표리부동하지 않다.

이제 50대 중반이지만 그동안 살아온 세월이 순탄치 않아 힘든 때도 있었겠지만 결코 낙담하거나 좌절하지 않고 무한 긍정의 힘으로 오늘을 거뜬히 이겨내는 에너자이저다.

이번에 책을 내보라고 권유했더니 흔쾌히 한 번 해보겠다고 나서는 모습에서 긍정을 넘어 '들이대 정신'까지 겸비한 장군감임을 알아보았다. 겉으로는 연약해 보이지만 강한 신념과 의지를 가지고 누구를 만나든 무슨 일을 하든 언제나 초지일관으로 밀고 나간다.

동료나 후배들과의 커뮤니티에서도 언제나 맞장구를 쳐주며 동기유발을 위해서는 먼저 쏘고 먼저 지르는 것으로도 유명하다. 가끔 페이스북이나 인스타그램에 여행지에서 찍어 올리는 사진과 동영상을 보면 대리만족도 가능하다.

이번 첫 책을 시작으로 앞으로 지속적인 집필이 이어질 것으로 기대한다. 강연과 책 출간은 정윤숙 저자를 더욱 든든한 반석 위에 올려놓을 것이다.

대화중에 언제든지 노(No)라고 해야 하는 상황이 닥쳐도 슬기롭게 다른 방안을 찾아 제시하는 탁월한 리더십도 돋보인다. 지금 하는 일이 혼자 하는 일이 아니라 팀을 이끌면서도 자신의 책임과 의무는 충실히 해내기 때문에 모두가 존경하며 따르고 있다. 얼마 전 평촌포럼 안방환 대표의 출판기념회에 회사 대표를 모시고 왔을 때도 그런 느낌을 받았었다.

무한긍정의 아이콘은 계속될 것이다. 더도 덜도 말고 지금처럼 꾸준하게 자신을 가꾸고 다듬고 남을 배려하고 가치를 발견하는 멋진 리더로 성장할 것을 굳게 믿는다.

나이 차가 무색한 친구

윤순
(멜라루카 직장 동료)

나와 나이 차가 열세 살인 친구, 정윤숙. 일로 만났지만 절대 상하관계가 아닌, 사이좋은 친구입니다.

일하는 정윤숙은 예리하고, 섬세한 눈썰미와 냉철한 판단력을 가진 사람입니다. 열정으로 똘똘 뭉쳐 그 열정을 동료들에게 아낌없이 나눠주는 사람입니다. 개인적인 시간에는 천진난만한 미소로 나이 차이를 느끼기 어려울 만큼 함께 웃고 즐기지만 일할 때만큼은 누구보다 멋진 선배입니다.

어떤 요청도 거절하는 법이 없고, 내 일처럼 최선을 다합니다. 아끼고 감춰둔 거 없이 갖고 있는 노하우를 다 퍼줍니다. 힘들 때 작은 어깨를 꼭 안아주고, 때론 채찍으로 다시 일으켜 세웁니다. 일어선 다음에는 손잡고 함께 달려주는 그런 사람입니다.

기쁜 일 있을 때 가장 먼저 알려드리고 싶은 사람. 좋은 정보, 맛있는 음식, 아름다운 것들 함께 공유하고 싶습니다. 언제나 함께 하고 싶은 오, 나의 아름다운 친구.

브라보 유어 라이프

안영복
(20년 지기이며 언니 같은 친구)

　누군가의 롤 모델로 한 걸음 한 걸음 나아가는 정윤숙의 진솔한 모습이 책으로 나오게 됨을 진심으로 축하한다.
　직장동료로 만나 자매 같은 친구 사이로 오랜 세월 지켜본 결과, 실패는 경험으로 '쿨'하게 정리하고 항상 긍정적인 마인드로 새롭게 성공의 길을 모색하는 멋진 모습을 보여주며, 그녀는 인생을 더 아름답게 만들어 가고 있다.
　언제나 열정적이고, 끊임없이 방출하는 에너지는 그녀만의 무기. 누구를 만나든 항상 통통 튀는 활기를 선사하며, 솔직하고 진실한 모습은 상대방을 기분 좋게 만든다. 그러면서도 가끔은 가슴 속 깊은 상처를 드러낼 줄 아는 연약하고 인간적인 모습을 갖춰 그녀의 삶의 무게가 무거웠음을 짐작하게 한다. 눈에 보이는 외적인 성숙보다 보이지 않는 내면의 성숙함이 배어 나오는 인생의 깊이가 느껴진다.

끊임없이 도전하고 새롭게 변화하고 발전하는 나의 친구 정윤숙을 응원하며 박수를 보낸다.

언제나 함께 하고 싶은 사람

James Chang
(JC Leadership Academy, JC Global L.L.C. 대표)

정윤숙 님과의 인연이 어느덧 14년이 넘어갑니다. 14년 전 인천을 비롯한 이곳저곳에서 함께 일하면서 세월이 흐르는 만큼 시간과 추억을 나눈 좋은 친구가 되었습니다. 이제 또 다른 나름의 인생 이정표를 만들어가는 모습에 친구로서 박수를 보내며 지난 세월 속에서의 만남을 되새겨봅니다.

정윤숙 님은 새로운 것을 겁내지 않고 즐길 줄 아는 사람입니다. 14년 전 새로운 일을 시작할 때도 그녀에게는 두려움이 없었습니다. 그것은 새로운 사람을 만날 때도 마찬가지입니다. 특히 여자의 몸으로 세상에 나와 부딪히며 끊임없이 새로운 사람들을 만나며 겪어야 하는 모든 것은 그리 쉬운 일들만은 분명 아니었을 것입니다.
하지만 새로운 상황, 새로운 사람을 대하는 눈빛에서는

언제나 기대감과 열정을 볼 수 있었습니다. 그러다 보니 그곳에 함께 있던 사람들도 벌어지는 상황에 기대감을 가지게 만드는 묘한 기운을 전달합니다. 아마도 그렇게 새로운 것을 즐기며 도전하는 마인드가 있기에 여행을 즐길 줄 아는 사람이 되었겠지요.

정윤숙 님은 언제나 유쾌한 사람입니다. 문을 열고 들어오기도 전에 그녀의 기운을 느낄 수 있습니다. 약간은 높은 목소리 톤, 특유의 보디랭귀지만 보아도 그녀가 신이 나 있음을 쉽게 감지할 수 있습니다. 그 신남의 기운은 주변 사람들에게도 쉽게 전달되어 함께 기분이 업(up) 됩니다.

분명 그것은 그녀가 가진 장점 중 하나이고, 그로 인해 사람들과 쉽게 친해지고 또한 함께 시간을 보내는 게 즐거울 수밖에 없는 사람입니다. 함께 있어 즐거울 수 있기에 좋은 친구임이 분명합니다.

또한 정윤숙 님은 자신감으로 꽉 차 있는 사람입니다. 새로운 것을 겁내지 않고, 새로운 사람을 만나는 일을 즐깁니다. 일을 재미있고 신나게 하는 사람은 자신감이 드러나는 법입니다. 당당하고 활기찬 그녀의 모습에서 그런 면모를 쉽게 발견할 수 있습니다. 힘든 삶을 살면서 그녀와 같이 자신감에 차 있는 사람을 만나는 것은 분명 행운일 것입니다.

알고 지내는 동안 함께 공부하고 여행하고 차도 마시며 나누어 온 그 세월이 벌써 14년이 넘어갑니다. 결코 짧지 않은 그 세월 속에서 변하지 않는 그녀의 모습에 때로는 감탄하기도 하고 때로는 신기할 때도 있습니다.

한 가지 확실한 것은 '정윤숙'이라는 사람은 행복한 사람이며, 함께 있으면 즐거운 사람이라는 사실입니다.

이 세상에 그녀와 같은 사람들, 긍정의 리더십을 가진 사람들이 좀 더 많았으면 합니다. 그녀의 이번 작품을 통해 희망의 메시지가 그런 세상으로 이끄는 계기로 작용하기를 바랍니다.

우리들의 영원한 소녀

최혜진
(멜라루카 직장 동료)

상대를 존중하는 마음이 따뜻한 친구, 정윤숙 선배님.

과천에서 처음 만난 날, 이성적으로 더 잘할 수 있는 방법론을 풀어주시던 날, 그날의 설렘을 잊을 수 없어요. 하지만 그날의 설렘보다 지금의 인간적이고 웃음이 밴 상냥한 밝음이 설렘에 따뜻함을 더합니다.

그 누구보다 다른 사람을 돕는 삶에 초점이 맞춰져 있는 분, 그렇기에 이해타산의 목적보다 본질적으로 선한 마음으로 도와주고 있는 분입니다.

식사 전에 항상 기도를 하는 모습, 반가워하고 소통하는 것에 아낌없는 모습, 모두가 느낄 만큼 넘치는 에너지를 가진 모습, 그 에너지를 다른 사람들에게 긍정적인 영향력으로 전달하는 모습, 본인이 가진 아름다움을 표현할 줄 아는 모습. 그런 모습들이 한데 모여 소녀의 얼굴 뒤에 카리스마 있는 정윤숙을 나타냅니다.

오늘의 당신이 있기까지 얼마나 많은 노고가 있었을까요. 열정이라는 이름으로 삶을 비우고 채우길 반복했을까요.

그 사람이 어떻게 살고 있는지 표정과 얼굴에서 느낄 수 있다고 하잖아요. 내면의 긍정적인 마인드가 외면으로 나오는 선배님입니다.

직장에서 만난 멘토이자 나의 친구. 애정이 묻어나는 대화로 친구처럼 아껴주셔서 늘 감사하고 사랑합니다. 지금처럼 미모와 내면의 긍정적 마인드를 잘 유지하여 우리들의 영원한 소녀로 남아주세요.

열정, 정윤숙의 또 다른 이름

안방환
(KPMC & 평촌포럼 대표)

한 모임에서 정 대표님을 처음 만났습니다. 많은 사람들이 정 대표님을 열정적이고 인상이 강한 분으로 생각했을지 모르지만, 제게 대표님의 첫 인상은 조용하게 본인의 의견을 제시하고 다른 분의 의견을 경청하는 부드러운 여성이었습니다. 어쩌면 오랜 서울 생활임에도 불구하고 불쑥불쑥 튀어 나오는 경상도 사투리가 친숙하고 정겹게 느껴진 이유였는지도 모르겠네요.

정윤숙 대표님과는 제가 운영하는 평촌포럼에 정 대표님이 참여하면서부터 더 가까워졌습니다. 참여뿐 아니라 평촌포럼 진행을 함께 준비하며 다양한 인맥을 강사로 초대해 주셨지요. 제93차 포럼 "다산 정약용의 시대정신"에서는 작곡가 연세영 님을, 제94차 포럼은 "꿈과 희망을 그리는 목석애 화백의 미술 이야기"로, 그리고 제97차 포럼에서는 "김학민의 뮤직스케치"를 준비할 수 있게 도와주셨습니다.

　제가 알고 있는 한정적인 인맥에 작곡가, 미술가 그리고 연주자를 소개해주셔서 평촌포럼을 멋지고 풍성하게 만들어 주셨습니다. 덕분에 저에게도 훌륭하신 분들을 만날 수 있는 기회가 생겼지요.

　요즘은 많은 전문직 여성들이 각자의 전문 영역을 통하여 사회의 중대한 축을 이끌어가고 있는데 제가 알고 있는 정 대표님 또한 본인의 영역에서 최고로 열정적인 삶을 살아가는 분입니다. 얼마 전 SNS에서 전국을 돌며 강의를 하는 사진을 보고 저 역시 강사라는 직업으로 살아가고 있지만 남성들보다는 여성들의 강의를 좋아하는 이유를 정 대표님을 통하여 알게 되었습니다.

　누구보다 멜라루카를 사랑하고, 뜨거운 열정 하나로 정윤숙의 자존심을 지키며 행복을 추구하는 대표님의 앞길에 꽃길만 있기를 소망합니다.

세상에서 가장 자랑스러운 사람

은미
(딸)

딸로서 바라보는 엄마는 이런 사람입니다.

항상 에너지가 넘치는 사람. 집에 가만히 있는 것보다 밖에서 에너지를 발산해야 더 건강해 보이는 사람. 그러나 건강을 잘 챙기는지는 늘 염려되는 엄마.

경상도 출신이라 목소리가 큰 사람. 그러나 목소리와 달리 마음은 여린, 마음이 너무 여려서 가끔 부당한 일도 거절하지 못해 답답한 사람. 그래서 그런지 주변에 항상 사람이 많은 엄마.

젊은 사람들과 잘 소통하는 사람. 친구처럼 함께 여행 갈 수 있고, 주변에 늘 동년배보다 내 또래와 더 친한 사람. 나이보다 훨씬 젊게 사는 엄마.

자기 일에 자부심을 갖고 있는 사람. 자부심만큼 실력도 인정받는 사람. 그리하여 많은 사람들의 멘토가 되고 있는 자랑스러운 엄마.

너무 바빴던 지난 시절, 어린 남매에게 꼭 필요했던 엄마. 삶의 여유가 생긴 후에 함께 시간을 많이 보내려는 엄마. 바빴던 만큼 우리 남매를 지금까지 잘 키워준 엄마.

누구보다 열심히 살아온 엄마. 그리고 많은 희생을 했던 엄마. 앞으로는 당신의 행복한 삶을 위해 시간을 보내시길 바랍니다.

늘 응원합니다. 사랑하는 엄마.

윤숙이는 싸웠노라, 달렸노라, 지켰노라

정병윤
(작은아버지)

천부적으로 많은 달란트를 가지고 태어난 윤숙. 너를 지켜볼 때마다 삼촌은 한없이 자랑스러웠다.

우리 고향 경북 영주는 이성계의 개국 공신인 정도전의 고향이기도 하다. 세계적으로 가장 오래된 학교 소수서원이 있고, 철의 여인으로 불린 영국의 대처 수상이 방한했을 때 가장 보고 싶어 한 장소 역시 바로 그곳이었다.

영주는 일찍이 선비의 고장답게 많은 인재를 배출한 고장이다. 과거에 급제하여 태조의 멘토가 되었던 정도전은 이씨 조선의 뿌리와 같은 존재였다. 이러한 성학자이면서 인과 예를 두루 갖춘 26대 정도전의 피를 받아서일까. 조카 윤숙이는 타고난 재능과 끼를 발산하며 하나를 가르치면 열을 깨우치고 응용하는 남다른 천재적 논리가 타의 추종을 불허한다. 윤숙의 그 스피치와 재치, 위트는 청중을 사로잡고 단박에 매료시키는 힘이 있다.

또한 윤숙이는 자녀 교육에도 빈틈이 없다. 일남일녀를 둔 엄마로서, 딸 은미는 이대 대학원를 졸업하고 아들 준철이는 고등학교와 대학을 미국에서 마치고 한국에 돌아와서 국방의 임무를 마친 다음 지금은 대기업에서 엘리트 연구원으로 실력을 발휘하고 있다. 자녀들을 유능한 인재로 키울 수 있었던 것은 윤숙에게 남다른 배려와 세심한 마인드가 있었기 때문이다.

'할 수 있다!', '하면 된다!'는 적극적인 사고와 도덕성은 하나님의 전능하신 능력이나 지혜로 뒷받침되어, 윤숙은 대중을 만날 때마다 경험적 지혜와 실천적 지식으로 새로운 삶의 에너지를 발산한다.

인생은 누구에게나 세월의 아쉬움 속에 미완성의 길을 걸어가는 과정이므로 자만하지 말고 '나는 싸웠노라, 달렸노라, 지켰노라'고 승리의 개가를 부르는 그 순간까지 더 겸손하고 더 자신을 살피는 윤숙이가 되어 희망의 메신저로 모든 사람의 기억과 인상 속에 남기를 거듭 부탁한다.

에필로그

지금보다 더 나은 사람을 꿈꾸다

언젠가 꼭 책을 쓰고 싶었다. 당장은 바쁘니까 시간적 여유가 생기면, 할 이야기가 조금 더 구체화되면 그때 본격적으로 도전해볼 생각이었다.

그러나 어느 틈에 나는 책 한 권을 탈고하고 몇 년 뒤에는 또 어떤 이야기로 책을 쓸 수 있을지 미래를 구상하고 있다. 행동은 반드시 결과물을 만들어낸다는 걸 다시 한 번 실감한 시간이었다.

사실 나는 큰 기업을 일군 CEO도 아니고, 투자의 귀재나 뛰어난 화술을 지닌 스타 강사도 아니다. 그저 내 위치에서 할 수 있는 최선의 역량을 발휘하며 세상의 일원으로 살고 있을 뿐이다. 하루하루 평범하게 살아낸 결과 그 평범함이 엄청난 잠재력을 가진 가능성이었다는 사실을 발견했고 그걸 사람들과 나누고 싶었다.

　이 책이 누군가에게는 자신만의 스토리를 만드는 계기가 되었으면 좋겠고, 또 다른 누군가에게는 위로나 위안이 되었으면 좋겠다.

　나에게는 책을 만드는 시간이 그동안의 삶을 반추하고 앞으로의 삶을 구상하는 아늑한 쉼터였다. 지난 시간을 돌아보며 나 스스로를 격려할 수 있었고 내가 꿈꾸는 삶을 살고자 노력해왔음을 확인할 수 있었다. 그리고 마침내 또 다른 꿈을 꾸게 되었다.

　몇 년 뒤에 이 책을 다시 펼쳤을 때 지금처럼 나를 격려하고 긍정할 수 있다면 더할 나위 없겠다. 지금처럼 과감하게 도전하고, 실패하면 다시 일어서고, 내가 가진 것에 감사하며 주변 사람들과 행복을 나누는 사람으로 앞으로의 인생을 새롭게 채워나갈 것이다.

책을 집필하고, 만들고, 읽는 사람들이 함께 모여 협동조합을 만들었습니다. 부지런히 한마음 한뜻이 되기 위해 노력하면서 새로운 책 문화를 만들어 나갈 수 있도록 해보겠습니다. 한 번 조합원으로 가입하시면 가입 이후 modoobooks(모두북스)에서 출간하는 모든 책을 평생 동안 무료로 받아 볼 수 있습니다.

***조합가입비** (1구좌)500,000원
***조 합 계 좌** 농협 355-0048-9797-13 모두출판협동조합
***조합연락처** 전화02)2237-3316 팩스 02)2237-3389
  이메일 ssbooks@chol.com

조합원

강석주 강성진 강제원 고수향 권 유 김욱환 김원배 김정응 김철주 김헌식 김효태 도경재 박성득 박정래 박정환 박주현 박지홍 박진호 서용기 성낙준 성효은 송태효 심인보 양영심 오대환 오원선 옥치도 원진연 유별님 유영래 윤영호 이재욱 이정윤 임민수 임병선 전경무 정병길 정윤숙 정은상 채성숙 채한일 최중태 허정균 현기대 홍성기 황우상